"十三五"国家重点出版物出版规划项目

转型时代的中国财经战略论丛

流空间视角下都市圈一体化及城乡融合发展研究

庞 晶 著

中国财经出版传媒集团
经济科学出版社
Economic Science Press

图书在版编目（CIP）数据

流空间视角下都市圈一体化及城乡融合发展研究/庞晶著.
—北京：经济科学出版社，2020.12
（转型时代的中国财经战略论丛）
ISBN 978-7-5218-2193-2

Ⅰ.①流… Ⅱ.①庞… Ⅲ.①城市经济-区域经济一体化-研究-中国 Ⅳ.①F299.27

中国版本图书馆 CIP 数据核字（2020）第 254338 号

责任编辑：宋 涛
责任校对：郑淑艳
责任印制：范 艳 张佳裕

流空间视角下都市圈一体化及城乡融合发展研究
庞 晶 著
经济科学出版社出版、发行 新华书店经销
社址：北京市海淀区阜成路甲 28 号 邮编：100142
总编部电话：010-88191217 发行部电话：010-88191522
网址：www.esp.com.cn
电子邮箱：esp@esp.com.cn
天猫网店：经济科学出版社旗舰店
网址：http://jjkxcbs.tmall.com
北京季蜂印刷有限公司印装
710×1000 16 开 7.25 印张 150000 字
2021 年 3 月第 1 版 2021 年 3 月第 1 次印刷
ISBN 978-7-5218-2193-2 定价：36.00 元
（图书出现印装问题，本社负责调换。电话：010-88191510）

序

21世纪的中国是城市化的中国，健康的城市化进程带来社会的快速转型与巨大进步，绝大部分国民参与发展并受益其中。新型城市化一方面为新型工业化积累人力资本，为产业结构升级和技术进步提供充分的高素质就业队伍；另一方面通过包容性治理，促进乡村人口向城市迁移，为乡村振兴减负，促进城乡融合发展。新型城市化，一手牵起新型工业化，一手牵起乡村振兴，为国家高质量发展奠定社会基础和空间基础。“十四五”时期，我国应顺应城镇化发展的客观趋势和空间演进规律，培育一批具有国际竞争力和影响力的现代化都市圈，作为国家新型城镇化发展的排头兵和先锋队，以都市圈的健康发展支撑重大区域战略、引领经济转型发展，促进城乡融合，不断解决人民日益增长的美好生活需要和不平衡不充分的发展之间的矛盾。

都市圈是新时代大城市实现高质量发展的空间载体，2019年2月国家发展和改革委员会发布的《关于培育发展现代化都市圈的指导意见》（以下简称《意见》），是这个时代推进中国新型城镇化高质量发展的重要制度动力。都市圈是解决大城市周边地区二元结构的刚性矛盾最佳的空间载体，能够为全国二元结构问题的解决提供很好的示范。都市圈建设就是要通过破除制度障碍，优化提升中心区和周边地区公共领域的投资，推进区域经济协调发展，其核心目标就是以都市圈区域内一体化发展为目标，以体制机制为抓手，实现都市圈内不同行政区域之间多元主体的互动良性发展，以及都市圈内不同行政区域内经济、社会、生态、空间的联动，实现系统的高质量提升。

在当前现代化都市圈建设如火如荼的开展时期，庞晶博士选择了具有高度复杂性和时代意义的课题《流空间视角下都市圈一体化及城乡融合发展研究》，从流空间视角构建都市圈一体化发展的理论架构，探究一体化的形成机制和实现路径，希望凝练出一份兼具理论性、战略性和实践性的研究成果。我觉得作者已经比较好地完成了这个任务，其科学价值主要体现在：

第一，从流空间视角构建了都市圈一体化发展的理论模型。运用流空间的理论，从经济社会联系的角度建立了包括都市圈一体化的基本内涵、经济主体、动力机制、支撑体系、协调机制和融合机制。运用流空间的理论解释一体化形成演化过程，用经济联系程度来衡量一体化发展程度。流空间视角下理论模型的构建对于都市圈一体化研究具有一定的创新性。

第二，从突破城乡二元结构角度拓展了新时代都市圈一体化的研究内容。传统都市圈一体化研究重视都市圈内部中心城市与周边城市之间的一体化问题，忽视了都市圈中心城区与周边乡村的二元结构的存在，而都市圈恰恰是城乡融合发展的最佳实施载体，是当前实现都市圈一体化首先要着重解决的问题。本研究很好地推进了都市圈一体化两个层面研究的结合，将都市圈建设与城乡融合发展结合在一起，探讨了都市圈内部城乡融合发展机制和实现路径。

第三，在都市圈一体化发展理论框架下构建制度创新体系，基于流空间经济运行环境及多维度影响因素分析，构建有利于要素流动、促进经济联系、降低交易成本的制度环境，以及有利于流空间经济运行的制度创新体系，为地方政府推动现代化都市圈建设提供决策参考。

作为庞晶的博士生导师，我为她取得的成绩而欣慰，在博士毕业后的十几年里，她始终没有放慢学习的脚步，以高度的研究热情、不言放弃的决心和孜孜不倦的追求，披荆斩棘，不断拓展研究领域。我希望庞晶博士以此作为新的起点，继续提高自己的业务素质和研究水平，保持严谨的学风和稳健的心态，戒骄戒躁，为新时期都市圈的培育建设做出自己应有的贡献，我们以此共勉。

感谢读者对本书的关注，希望大家对书中的错误与不当之处批评指正。

2021 年 3 月 18 日

前　言

作为城市化发展到高级阶段的空间组织形态，新时期都市圈、城市群承担着重要的国家功能。2021 年 3 月公布的《中华人民共和国国民经济和社会发展第十四个五年规划和 2035 年远景目标纲要》中明确提出，“发展壮大城市群和都市圈，形成疏密有致、分工协作、功能完善的城镇化空间格局，提升城镇化发展质量”。以中心城市引领城市群发展、发挥中心城市和城市群综合带动作用，已经成为时下城市发展的大势所趋。

都市圈是一种有内聚力的空间组织，其内聚力来自核心城市与周边区域密集联系形成的网络化空间结构。作为城市群的龙头，都市圈是区域经济发展的引擎，是新型城镇化重要的空间支撑，都市圈的一体化程度越高，其内聚力就越强。都市圈一体化发展是关系到都市圈竞争力提升、实现国家空间战略的必然要求。在全球化、信息化背景下，如何运用新的理论和方法，科学认识都市圈经济运行机理；如何协调市场和政府关系，探求都市圈协调发展新机制，是关系到新型城镇化成败的科学命题，也是落实国家空间战略的重大问题。

流空间理论对于都市圈及一体化发展具有较强的解释力。在流空间视角下，都市圈被看成是一个承载各种流要素的社会经济运行的空间系统，各种流要素在城市网络中流动、聚集、扩散与相互作用，不仅塑造着城市内部空间结构，也影响着城市之间的联系及竞合关系。都市圈一体化发展看成是各种流要素在这个网络空间里自由流动、聚集与扩散，实现节点之间密切联系的过程，最终形成一个有内聚力的空间组织。可以说，流空间理论从全新的视角解读都市圈一体化问题，抓住一体化发展的本质——网络化空间组织和空间联系的加强，可以更好地解释都市圈协调发展的经济运行机制，揭示网络化空间组织形成原因，为都市圈一体化发展的制度研究提供全新的理论支撑。研究都市圈一体化发展机制，对于强化都市圈功能、提升城市竞争力，促进区域协调和城乡融合发展具有重大的现实意义。

目前我国都市圈普遍存在着要素流动受阻、功能分工不明确，缺乏紧密经济联系等非一体化问题，这些问题大多源于城市之间和城乡之间。由于制度因素和体制障碍造成的市场分割和行政壁垒，都市圈的一体化发展需要解决两个层面的一体化问题：城市之间一体化和城乡之间一体化。前者注重中心城市与其他城市之间的联系，决定着都市圈的外围圈层的结构和规模；后者注重中心城市内部城乡之间的密切联系，决定着都市圈内核结构和发展质量。在新时代、新的战略格局下，城乡融合发展越来越成为新型城镇化和乡村振兴战略的融合点，都市圈是城乡融合发展的最佳空间载体。在2019年国家发改委公布的《关于培育发展现代化都市圈的指导意见》（以下简称《意见》）中进一步明确了都市圈的概念，将都市圈定义为“城市群内部，以超大特大城市或辐射带动功能强的大城市为中心、以1小时通勤圈为基本范围的城镇化空间形态”。《意见》要求都市圈以同城化为方向，以城乡融合发展为重点，强调建设现代化都市圈是推进新型城镇化的重要手段，已成为城乡融合发展的最佳空间载体。

本书还探讨了新时代围绕都市圈内居民日益升级的消费需求，以都市圈为空间载体促进区域城乡协调发展的新路径——休闲农业和乡村旅游，乡村旅游对于拓展农业多种功能，促进农村三次产业深度融合发展具有重要的连通器和催化剂作用，可以更好地引导更多人才、资金、技术、管理等先进要素向乡村有序流动，把乡村打造成都市区居民休闲康养、教育科普、文化体验的目的地，释放城市潜在消费需求，努力开启新时代城乡融合发展新格局。

本书基于流空间的理论与方法，探究了全球化和信息化背景下都市圈一体化发展的科学内涵、微观运行机理、发展路径、运行环境及宏观调控手段，尤其探究了新时代都市圈内部城乡融合发展机制和实现路径。希望通过该研究能为都市圈一体化提供新的理论分析框架，也能为决策部门提供较为系统、有力的理论支撑及切实可行的发展途径，为现代化都市圈建设献计献策、贡献学者的力量。

目　录

第1章 绪　论

1.1 研究背景及意义

在中国快速城市化和工业化过程中，城市群和城市化地区成为主要的空间依托，由此而形成的具有联动优势的都市圈，正在深刻地改变着中国经济空间的布局。都市圈既是多城市联合发展演化的必然成果，又是区域经济一体化进程中完成区际分工与合作的主要方式，都市圈一体化研究具有重要的时代意义和理论实践价值。

1.1.1 研究背景

工业化和城镇化是推动人类社会发展和现代化进程的两大主旋律，进入21世纪随着信息技术革命的推进，全球化和经济一体化的趋势不断加强，区域经济体逐渐围绕着要素流动构建起无形的资源流动空间，包括资本流动、信息流动、技术流动以及组织性互动等，迅速改变着经济社会的生产生活格局。都市圈作为区域经济发展的竞争主体，承载着城市之间及城市内部经济联系的人流、物流、信息流、资金流和技术流等要素的网络化流动，强化了区域内各主体的经济社会联系，促进地区在日益激烈的竞争中脱颖而出。同时新型城镇化推动人流、物流、信息流、资金流和技术流等要素在城乡之间自由流动，推动城乡一体化的发展，全球化和信息化持续加速着都市圈流动空间的运作，所以在流空间下研究新时代都市圈的一体化发展及其协调机制，是当前经济社会发展的重要课题。

1. 流动空间推动区域空间一体化的实现

全球范围内的分工体系和区域经济一体化趋势是不可逆转的，地区经济发展只有在全球经济网络中加以考虑才能实现更好地发展，只有真正融入这个大的系统才能实现长足发展。在跨国公司这一强大主体的投资推动下，资源在全球范围内寻找最佳配置点，人流、物流、资金流、信息流、技术流在全球范围内即时转移，在不同空间中共享的组织方式就是流动空间。流动空间通过其在全球建立起来的联系网络，争取在最短的时间内实现生产要素有效流动，推动空间一体化的实现，从而提高地区生产力和经济竞争力。

2. 都市圈深化区域经济一体化的发展

随着我国进程的加快，由不同功能和规模的多个城市聚合而成的都市圈正在深刻改变着中国经济发展的空间格局。都市圈既是城市和区域经济演进的必然产物，又是重塑区际分工与合作的重要手段。都市圈一体化是以中心城市为核心，在良好的支撑体系和完善的协调机制下通过要素的自由流动和市场配置，实现空间经济联系不断增强的进程。都市圈作为区域增长极模式已成为拉动地区经济增长的主动力，战略和功能定位突出。

3. 信息技术推动都市圈流动空间的构建

信息、信息技术的发展使得地理空间逐渐向流动空间延伸，高层次的管理服务和低层次的生产流通要素通过知识流和信息流在全球范围内集聚和扩散，既影响着全球城市之间的竞争与合作，也重构着都市圈内部功能空间。当今社会以手机、计算机、全球卫星定位系统等现代科技资讯手段建立起来的传播网络缩小了区域空间距离，拓宽了要素的流通渠道，实现了各类信息和知识的即时交流，极大地提高了资源利用效率，进一步促进着都市圈流动空间网络的完善和区域一体化的发展。

4. 新型城镇化助力城乡一体化的实现

当前我国城乡二元结构对乡村发展的束缚，使得城乡发展机会严重不均，城乡差距不断扩大，城乡矛盾日益加深。城市与农村之间存在严重的壁垒，阻碍资金、技术、人才、信息等要素在城乡之间、城镇之间自由流动，导致了中小城镇与大城市、农村与城镇的长期“离心”状态，严重阻碍了城乡融合发展。而新型城镇化主张就地城镇化，当农村经济发展到一定程度以后，农民不再盲目地向大中城市迁移，而是在原居住地以中心村或小城镇为依托，不断完善公共设施、发展社会公共事业、改变生活方式等，逐步形成新城镇，实现就地非农就业和就地市民化，逐步打破城乡壁垒，推动城乡一体化发展。

1.1.2 研究意义

新时期城市群承担着重要的国家功能，作为城市群的龙头——都市圈是区域经济发展的引擎，一体化发展是关系到都市圈的发展质量和竞争力提升，是实现国家空间战略的必然要求。目前我国都市圈普遍存在着要素流动受阻、功能分工不明确，缺乏紧密经济联系等非一体化问题，这些问题大多源于制度因素和体制障碍造成的市场分割，行政区经济增加了要素流动的成本。在全球化、信息化背景下，如何运用新的理论和方法，科学认识都市圈经济运行机理？如何协调市场和政府关系，探究都市圈协调发展新机制和城乡融合发展机制，是关系到新型城镇化成败的科学命题，也是落实国家空间战略的重大问题。研究都市圈一体化发展机制，对于强化都市圈功能、提升城市竞争力促进区域协调发展和城乡融合发展，具有重大的现实意义。

流空间理论从全新的视角解读都市圈一体化问题，抓住一体化发展的本质是密切的空间经济联系，这种联系性可以更好地解释都市圈协调发展的经济运行机制，揭示网络化空间组织形成原因，为都市圈一体化发展的制度研究提供全新的理论支撑。本课题属于应用基础研究，不但能为都市圈一体化提供新的理论分析框架，还能够为决策部门提供较为系统、有力的理论支撑及切实可行的发展途径。

1.2 文献综述

1.2.1 关于流空间的研究

在全球化和信息化背景下，城市和区域空间正由传统的静止、封闭、等级性的中心地模式逐渐向多中心、扁平化、流动性的网络模式转变，流空间（space of flows）理论应运而生（Castells，1985），流空间对都市圈研究具有很强的解释力。一是在研究内容上，可以更好地从流要素的自由流动、聚集与扩散解释都市圈形成及经济联系不断密切的一体化过程；二是在研究方法上，通过人流、物流、资金流、信息流等关系数据，借助于网络分析方法，可以建立都市圈一体化测度模型和数据库，对一体化发展程度进行测度；三是在研究目标上，可以从流空间的经济运行环境入手，分析阻碍要素流动、聚集与扩散的基础设施、经济基础及制度环境等因素，尤其突出交通条件对一体化的时空影响，使得政策研究具有针对性和可行性。总之，流空间理论能更好地揭示网络化空间组织的经济运行规律，从全新的视角审视都市圈问题，使一体化研究从重视城市的节点属性转向重视关系连接，可以丰富一体化研究理论与分析方法（杨永春，2011；沈丽珍、顾朝林，2011）。都市圈是核心城市与周边区域密集联系形成的具有圈层结构的城市密集区（李国平，2009），是一种极核网络化组织，相对于多中心的城市群协调发展而言，一体化发展是都市圈战略的核心和都市圈规划关注的目标，一直受到专家学者及政府部门的普遍关注。

1.2.2 关于新型城镇化的关注点

我国发展城镇化以来，相继出现了“传统城镇化”“特色城镇化”“新型城镇化”“新型城镇化高质量发展”等概念。新型城镇化研究重点围绕四个角度展开：一是注重质量的城镇化，方创琳

（2019）指出，中国的新型城镇化高质量发展是集高质量的人口市民化、城乡建设、人居环境、基础设施与服务的有机统一。它体现出集约高效、节约创新、协同共享、以人为本的时代特征；林琳和李冠杰认为，新型城镇化的质量内涵不仅包含经济、社会、空间，还更加注重生态治理与城乡统筹。二是强调“以人为本”的城镇化，魏后凯等提出新型城镇化就是要围绕城乡居民的生产、生活、生态的需求，从城镇化发展质量、推进效率与城乡协调发展水平三大视角来有针对性地促进城镇化发展提质增效。三是实现城乡融合的城镇化，牛文元指出坚持资源节约、环境友好、集约高效的发展原则，以大中小城镇协调发展为推进路径，才能切实提升城乡居民生活质量；倪鹏飞认为新型城镇化围绕以人为本的“内涵增长”的理念，坚持“政府引导、市场运作”的运作机制，以城镇化、工业化、信息化、农业产业化四化共同发展为动力，走出一条城乡融合发展之路。四是可持续发展的城镇化，仇保兴认为新型城镇化是传统城镇化的继承、突破与发展，转变过去城市优先发展、以资源消耗为代价，少数人先富的高速城镇化，实现城乡协调发展、资源节约、质量提升、生态环保的可持续城镇化发展；何平等提出提升城镇化质量无异于重点抓三个方面：以集约性强调城乡建设，以公平性突出城乡平等，以可持续性凸显生态环保；王德利等认为发展质量的内涵通过城市经济基础、城市协调水平以及生态可持续性三个维度来表达；吴殿廷综合各位学者视角，提出新型城镇化是一种以人为本、注重质量、生态环保及统筹城乡的质量提升型城镇化。在城乡二元结构的社会背景下，众多学者把新型城镇化的发展目标放在城乡融合发展，走城乡一体化的可持续发展道路（倪鹏飞，2013），注重提升农民和城镇居民的生存、生活质量，转变经济发展方式（牛文元，2012），由城市优先发展、少数人先富的城镇化向城乡协调发展、集约式社会和谐的城镇化转型发展（仇保兴，2012）。

建立健全城乡融合发展体制机制和政策体系，是党的十九大作出的重大决策部署。许多学者认为乡村振兴与新型城镇化战略应该是双轮驱动，实现城乡共融发展。方创琳（2019）指出，城乡融合视角下小城镇是推进农民市民化的重要基石和提升城镇化质量的重要手段。刘沛林（2015）指出，以就地城镇化为依托，“满天星斗式”的小城镇分布格局与特色旅游小镇建设是实现新型城镇化的重要路径之一。卓玛草（2019）认为，只有深刻理解中国城镇化道路独特机制和“以人为本”新型城镇化协调推进道路的模式选择，才能构建新时代乡村振兴与新型城镇化双轮驱动，实现“统筹融合式、共生可持续、包容一体化、高效高质量”的发展路径。

实践证明，乡村旅游是促进城乡融合发展的重要方式，可以推动城乡间要素的自由流动，一方面，通过发展乡村旅游可以促进其他产业的发展，从而带动当地经济发展，带动城乡之间要素流动以及当地居民和城市居民的交流合作（洪红，2010）；另一方面，乡村旅游可以吸引更多的城市人口进入乡村旅游度假，从而带动城乡之间的交通、基础设施建设、人才交流，增加村民的就业机会（安婧婧，2019）。随着农村电商规模的扩大，数百万“新农人”和返乡创业者纷纷参与到农村电商发展的洪流之中（魏延安，2018），同时涉农金融机构的存在促进城镇资金向农村流动（张启文、张兴凯，2017），成为城乡一体化发展的重要推动力。

1.2.3 信息时代都市圈一体化的研究

21 世纪全球进入社会大转型时期，更多的学者开始关注全球化和信息化作用下城市群空间结构和功能结构的新变化（阎小培，1996；谢守红，2003；石崧，2005；刘永敬等，2014）。一是新时期都市圈一体化的科学内涵。都市圈一体化既是一个系统秩序——网络化空间组织的形成过程，也是区域差距逐渐缩小的经济过程（陈群元，2009；党兴华，2007）。都市圈一体化蕴含着丰富的社会经济内涵，表现为都市圈空间结构逐步优化、功能日趋完善、都市圈内部及都市圈之间联系性不断增强，整体效应不断提升的过程（罗波阳，2014）。二是都市圈一体化的空间特征。信息技术（ICTs）的发展促进了都市圈网络化空间组织的形成，一体化的空间特征表现为密切的城市关系网络（杨永春，2011）。地理学者倾向于研究一体化的空间表现，把这种网络化空间组织的形成过程，看成是都市圈一体化的实现过程（顾朝林、甄峰，2002；陈修颖，2009）。三是对都市圈一体化发展的评价方法。基于对都市圈一体化不同的理解，有的学者采用城市节点的属性指标，用市场化指标测度城市群一体化程度（覃成林，2010；周立群，2010）；有的采用关系指标，用“重力模型”测度区域经济联系（杨吾扬，1985；孙久文，2010）；有的采用联系指标，用“可达性”描述了交通网络联系的便利程度（金凤君，2010；陆玉麒，2006；陈雯，2013）。

1.2.4 关于都市圈一体化机制与对策的研究

一体化的核心就是在都市圈空间范围内，降低交易成本，促进产品、要素自由流动，实现资源有效配置。学者们从不同视角对一体化的发展机制进行了研究：一是从微观层面，认为是市场作用下空间自组织过程（张京祥，2001；石忆邵，2001；王红霞，2005）。在全球化背景下，许多学者从劳动地域分工和企业组织角度，探讨了如何在都市圈范围内发挥市场作用配置资源（Scott，1986；宁越敏，1995；石菘，2005；张学良，2013）。二是从宏观层面，认为是政府作用下的空间组织过程。许多学者讨论了在都市圈范围内，各级政府的竞合关系和管理机制（吴传清，2005；石崧，2007；杨开忠，2010；孙久文，2012 等）。三是对策研究。针对都市圈一体化发展中的制度障碍（张可云，2004；刘君德，2010），学者们提出了都市圈发展的制度创新（崔大树，2003；王兴平，2014；王凯，2015）、多层次的区域管制（王维平等，2006；张京祥，2008；杨晓峰，2010）和多中心治理模式（王兴伦，2005；张文礼，2008；李国平，2013）。

综上所述，以上相关研究为本课题奠定了良好的研究基础，但也存在以下问题：（1）都市圈一体化研究缺乏有力的理论支撑。一体化既是都市圈规划的目标，也是提升都市圈整体效应的手段。现有的一体化无法对都市圈经济运行机制做出系统化的解释。（2）都市圈一体化大多研究城市之间的竞争合作、联动关系，如何消除地区壁垒等，注重都市圈内部城际一体化，往往忽视了城乡之间的一体化问题，没有把都市圈建设和城乡一体化结合起来。（3）都市圈一体化研究方法相对滞后于网络社会的技术要求。没有明确地将网络分析方法应用于空间一体化的分析和测度上，需要同时考虑交通网络和信息网络对空间一体化的影响。（4）实证研究不足，缺乏对发展型、区域性都市圈系统化研究，难以对城市群空间战略形成有力的实证支撑。基于此，本书将运用流空间理论构建一个基于网络空间联系的都市圈一体化的理论分析框架，对一体化的运行环境、评价方法、动力及保障机制等问题进行系统研究。

1.3 研究方法及技术路线

1.3.1 研究方法

（1）定性分析法：从流动空间、都市圈、一体化发展三个维度构建了流空间视角下都市圈一体化发展的理论框架，分析了都市圈一体化与流动空间经济联系的关系，论证了都市圈的流动空间经济联系是衡量一体化程度的评价标准。

（2）实证分析法：利用修正的引力模型对都市圈内部城市的流动空间经济联系强度进行了测度，一方面综合 22 项变量采用主成分分析法修正了城市质量这一指标；另一方面，运用最短交通时间和最小交通成本的方法修正了圈域内各城市之间的经济距离这一指标。

（3）对比分析法：将济南都市圈的空间经济联系强度与首都都市圈作比较分析，得出济南都市圈在一体化进程滞后的主要问题包括核心城市经济势能较低，一体化运行环境不完善和竞争合作机制不充分等。

1.3.2 技术路线

技术路线如图 1 –1 所示。

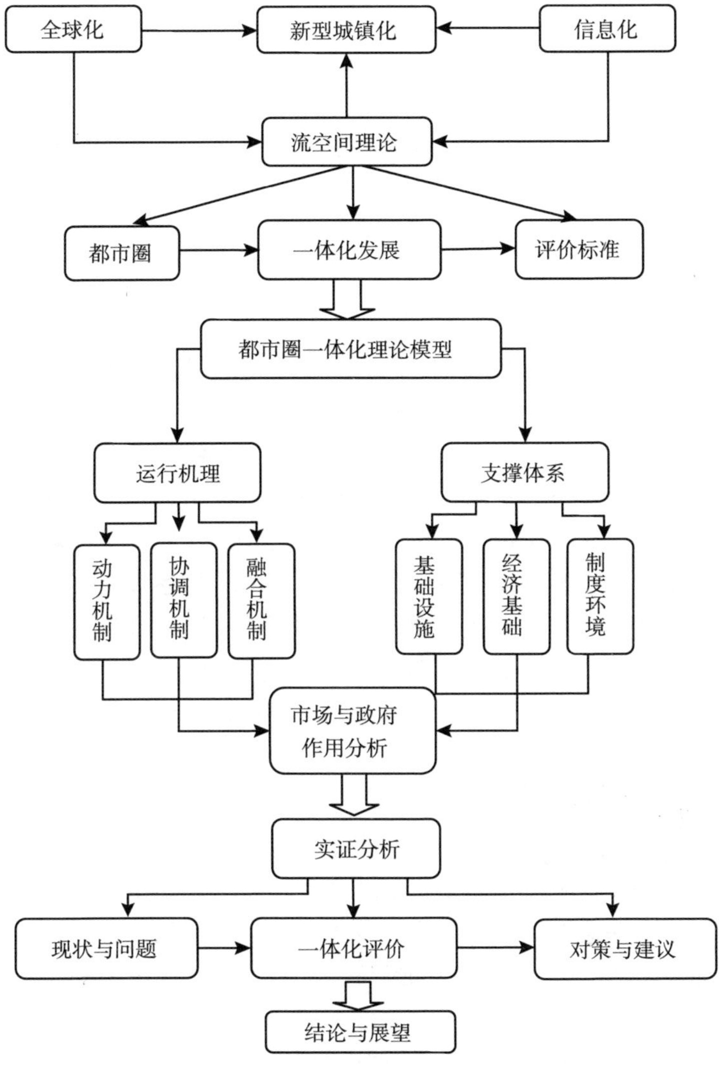

图1-1　技术路线

1.4　研究内容与结构安排

本研究基于流空间理论与方法，构建流空间视角下的都市圈一体化发展的理论分析框架，探究一体化的科学内涵、测度方法、影响因素、运行机理、运行环境及保障体系。

1.4.1 问题的提出

在全球化和信息化时代，新型城镇化的推进需要实现两种流动——人口的空间流动和社会的空间流动，作为承载现代社会高效经济运行的空间载体——都市圈，存在着行政区经济及城乡分割的二元结构问题，面临着一体化发展的时代要求。

1.4.2 流空间理论对都市圈及一体化的解读

流空间理论对于都市圈及一体化发展具有较强的解释力，流空间理论把都市圈看成是一个承载各种流要素的社会经济运行的空间系统，各种流要素在城市网络中流动、聚集、扩散与相互作用，不仅塑造着城市内部空间结构，也影响着城市之间、城乡之间的联系及竞合关系。首先明确了都市圈及一体化的相关概念，介绍了流空间的理论在都市圈研究中的着力点和作用机理，运用流空间理论解释了都市圈空间结构的演化、都市圈城乡一体化的形成过程及都市圈内部空间经济联系的特征。

1.4.3 流空间视角下都市圈一体化发展的理论架构

在流空间视角下，构建了包括经济主体、支撑体系和协调机制在内的三位一体的理论架构。在动力机制里，运用流空间理论，解释了微观经济主体和宏观经济主体政府的经济行为对城市空间结构和经济联系的作用；由基础设施、经济基础和制度环境的支撑体系，构成了都市圈一体化的技术、经济和制度基础，影响了都市圈的发展水平，是一体化发展的微观基础和要素流动及空间联系的根本条件；进一步探讨了都市圈一体化的协调机制，包括都市圈内部城市之间的合作机制、竞争效益、互动机制和城乡融合发展机制。

1.4.4 流空间视角下都市圈一体化发展的旅游发展路径

新时代新型城镇化和乡村振兴两大战略对城乡融合发展提出了新要

求，全域旅游作为一种全新的发展理念，是区域经济发展的一种新模式，也是一种流动的平台载体，乡村旅游成为联系城乡、促进城乡融合发展的重要路径，本书将探讨城乡融合发展的旅游模式和实现路径。

1.4.5 济南市都市圈一体化的实证分析

本书探讨了流空间视角下都市圈一体化发展的评价标准，构建了反映空间经济联系强度的引力模型，测度了济南市都市圈一体化的发展程度，并从经济结构，空间结构和经济联系三方面，对比研究了济南都市圈与首都都市圈一体化发展的差距与问题，为对策研究提供实证基础。

1.4.6 流空间视角下都市圈一体化发展的对策建议

都市圈一体化发展需要政府和市场共同作用，在都市圈一体化发展框架下，制定有益于流空间经济运行的制度体系，创新区域协调发展机制和城乡融合发展机制，并提出相应的对策建议。一是多方参与积极推进都市圈建设；二是加强都市圈一体化的支持体系；三是加强协调合作机制；四是落实融合发展机制。

第2章　都市圈一体化的相关概念及理论框架

进入21世纪，中国城镇化战略正在进行重大转型，由以小城镇为主体走向以城市群和城市化地区为主要空间依托，由此而形成的具有联动优势的都市圈，正在深刻地改变着中国经济空间的布局。明晰都市圈及一体化概念，正是本书研究的出发点。

2.1　都市圈及一体化相关概念

2.1.1　都市圈的基本概念和特征

1. 都市圈的基本概念

都市圈是具有单个或多个中心城市，以及与中心城市具有密切经济社会联系的、一体化的次中心、城镇和农村所构成的圈层式地域，是中心城市聚散能力能够达到并能促进这些地区经济社会发展的最大范围，它既是一个经济圈，也是一个社会圈，如图2-1所示。

在工业化城市化发展到一定程度时，中心城市具有强大的经济势能，周边城市具备良好的发展潜力，中心城市发挥主导作用，凭借完善健全的基础设施网络与周边城市紧密联系在一起，实现人员、资金、信息等要素的自由流动，通过中心城市强大的辐射带动作用，加强与周边城市的竞争和合作，形成良性循环，带动周边地区协同发展、互利共赢，从而形成的经济一体化区域。

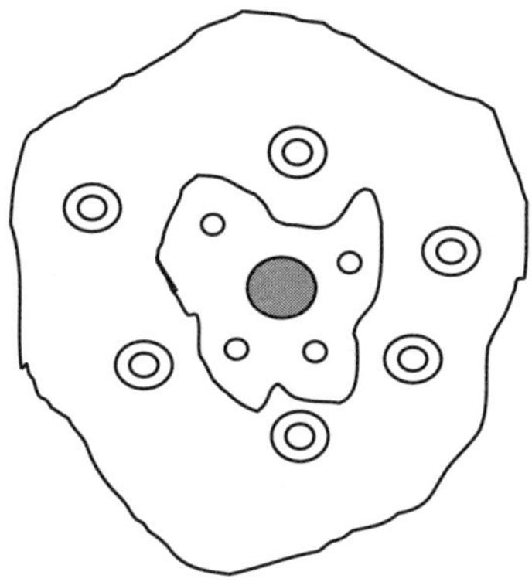

图 2－1　都市圈空间结构示意

2. 都市圈的基本特征

（1）都市圈经济具有强大的集聚性。集聚性可以从三个方面来研究：第一，圈域内部集聚。在都市圈内部，由于城市等级体系中不同城市拥有不同的区位和优势，这就造成了不同的经济势能，各种要素会自由选择其流向，而中心城市凭借其核心地位，无疑能够集聚更多的资源，因此能够获得更高的经济效益，从而在都市圈经济中占有远远高于周边城市的比例。第二，圈域经济集聚。因为都市圈的集聚扩散效应会带来较高的经济效益，因此在形成过程中，都市圈外围的资金、人口、技术和信息等要素会不断向都市圈集聚，推动都市圈经济的进一步发展，进一步整合区域内资源要素，使得都市圈在大范围的区域经济中占有较大份额。第三，国家经济集聚。依据经济发展的带动，可以辐射到其所在区域内，从而逐步形成联动优势，使都市圈经济在国家整体经济中占较高份额。这些特征都可以从发达国家都市圈经济发展中得到验证。总而言之，都市圈经济在国家经济中，均表现出高度的集聚性，这是城市经济发展的一个趋势。

（2）都市圈经济具有强大的复合性。区域经济一般具有文化历史上的传承特征和地理区位上的连贯特征，因此一般会形成中心城市和周边城市的二元城市体系。都市圈内部存在具有明显一体化趋势的网络空间结构，通过对都市圈概念的分析，可以知道都市圈是以中心城市为主导，周边城市相配合的高度一体化的经济体，都市圈的一体化发展需要强大的支撑要素体系和健全的竞争合作协调机制。

首先，企业、政府是都市圈经济活动的主体，在一体化进程中处于主导地位，都市圈的发展其实也是为经济主体的发展服务的；其次，完善的基础设施建设、坚实的经济基础和良好的制度环境，这些影响因素的完整性为经济主体参与到都市圈空间经济联系提供了条件和基础，同时也加快了要素流动，降低了其交易和运输的成本费用；最后，健全的协调机制，是都市圈经济主体进行经济活动的手段和路径，合理的竞争合作机制，会使得各城市全面认清自己的优势和地位，在都市圈一体化协作中发挥自己的作用，达到互利共赢，实现都市圈整体联动发展，进而实现一体化。总之，都市圈是一个复合体，各种要素穿插其中，只有相互之间联系不断加强，才能推进其发展进程。

（3）都市圈经济具有边界特征和内在结构的动态性。都市圈有着明显的空间范围和形态，其发展取决于圈域内经济的发展水平。都市圈是空间要素资源不断集聚扩散最终集中的一个经济体，其发展受到宏观环境的制约。都市圈的空间格局并不是人为确定的，而是由于都市圈内城市等级体系，各城市的辐射带动能力有所不同，决定了都市圈空间经济联系的强度，其中，中心城市的辐射带动能力起着至关重要的作用，影响着周边城市的发展水平，它直接决定了都市圈空间范围的界定进而改变都市圈空间格局，因此都市圈经济有着明显的边界特征。

同时，在都市圈内部，随着各个城市不同发展水平及其改变，中心城市的地位会被发展较快且具有较高经济势能的周边城市取代，从而转变成周边城市，而且，由于各城市在都市圈内部会扮演着不同的分工合作角色，随着某些城市经济的发展和地位的提高，都市圈内部各城市角色会发生改变，因此，都市圈的经济发展具有明显的动态性。

2.1.2 都市圈一体化的基本内涵

都市圈一体化是城市化水平发展到一定阶段的产物，是城市发展的高水平阶段，是城市集聚竞争力的表现。都市圈一体化，既是都市圈发展高级阶段的重要表现形式，也是都市圈进一步发展的内在要求。

1. 都市圈形成的三个要素

都市圈形成的动力在于中心城市、次中心和周边地区（城镇和农村）异质空间中各种经济活动要素的聚散作用，以及在不同空间形成的职能分工和协作。都市圈的形成发展包含三个要素：

一是中心城市，一般具有明显的区位和经济优势，因此能够对要素和周边城市产生强大的集聚力和吸引力，形成良好的经济势能，达到中心与周边的互利共赢，它是都市圈形成和发展主体，更是一体化进程的关键所在。

二是周边城市，这些城市紧密围绕在中心城市周围，各城市之间交通、通信等基础设施完善健全，共同形成都市圈的城市等级体系。

三是经济联系，都市圈由各级城市构成，城市之间由于各自的相对优势会自发形成竞争合作机制，要素自由流动、城市分工合作、空间经济联系进一步密切，促进了一体化发展。

2. 都市圈一体化的科学内涵

都市圈一体化是指一个以中心城市为核心，以周边城市为边缘，各种经济、人员、信息等要素在区域空间内自由流动，不断集聚扩散，最终形成一个紧密的空间经济联系网络，并且中心城市对周边城市具有强大的辐射带动作用。伴随经济活动的聚散和职能分工，必然带动社会活动在地区间的交流与合作，从而形成高度一体化的社会都市圈。都市圈一体化其实就是集聚了大量的生产要素，如人力资源、生产资料、主要基础设施、信息、资本和服务等经济资源，实现了在城市规划、基础设施、产业结构、生态环境等方面的一体化整合，最终达到在该都市圈的政治、经济、文化和社会的统筹发展。

3. 一体化的本质特征——空间经济联系

都市圈一体化的实质就是其空间经济联系特征，空间经济联系是都市圈一体化进程中的关键因素，对于一个国家经济发展和区域协调有着重要的指导作用，对于推进一体化有着举足轻重的地位和作用。都市圈内部具有动态性的特点，各城市之间要素资源的自由流动是都市圈一体化的手段和路径，在聚集与扩散作用下，驱动要素流动，从而构造生成了独特的都市圈经济空间形态。都市圈空间经济联系的强度决定了都市圈一体化发展水平，都市圈空间经济联系的方向塑造了都市圈的空间格局和产业布局。都市圈的空间经济联系包括两种类型：都市圈内部城际联系和都市圈内部城乡联系，从而对应于都市圈一体化包括城际一体化和城乡一体化两种类型。

4. 都市圈一体化的两个层面

作为城市化主体形态的都市圈，包含中心城市、次中心和周边地区（城镇和农村）的异质空间。在过去都市圈研究里，主要集中于都市圈内部城市之间的竞争与合作、产业集群、如何消除地区间的壁垒，而忽略了都市圈内部的城乡联系，没有将城市与乡村连接起来，在都市圈建设中实现城乡统筹和一体化发展。因此在本书研究中，将考虑一下都市圈一体化的两个层面的划分：一个是城市之间一体化；另一个是城乡之间的一体化。

（1）城市之间一体化。都市圈内部城市之间的一体化，一般习惯称为都市圈一体化，指的是城市之间通过紧密的空间经济联系形成一个整体，不断进行要素资源的合理配置，使各城市更加明确自己在都市圈中的地位和优势，从而资源能够在最大程度上得到利用，最终实现产业结构优化升级、城市之间合作竞争机制健全、城市体系分工合理有效、都市圈内部空间经济联系日益密切的过程。

（2）城乡之间一体化。城市圈是实施城乡一体化的最佳载体。都市圈内部城乡一体化是把中心城市和周边乡村作为一个整体统筹规划，打破城乡之间的壁垒，促进各种要素在城乡之间自由流动，消除城乡差距，改变长期存在的城乡二元结构，最终实现城乡居民政治、经济和社会地位的平等，城乡生活方式的趋同，公共物品的享受基本一致的过程。它不是完全消除城乡的差异，而是在城市和乡村保持各自特色的基础上发挥各自的优势和职能，同时从经济、社会和空间等方面统筹城乡发展，推动城乡经济、社会、文化相互渗透、融合与高度依存。

2.2 流空间的理论基础

在全球化不断深化的背景下，世界经济力量推动着信息社会中的新空间形式——流空间，持续影响并重塑着我们的价值观和时空观念，突破了以固定空间区域为基础的地区组织形式。现代交通和信息技术作用于空间物质交换便塑造了一个无形的流动空间，在流动空间里，网络、通路、节点式的要素在流动网络不断解构、重构着经济社会形态，在节约时间成本，缩短空间距离的同时，进行着经济运行规则的革新。

2.2.1 流动空间的概念与属性

1. 流动空间的概念解读

流动空间的概念由曼纽尔·卡斯特明确提出，他认为流动空间是通过流动而运作的共享时间的社会实践的物质组织。所谓的流动是指在社会的经济、政治和象征结构中社会行动者分隔的空间位置之间那些有目的的、反复的、可程式化的交换与互动次序（Castells，1992）。后来卡斯特在《网络社会的崛起》一书中对流动空间做了进一步的描述和解释，指出流动空间包括三个层次的内容：一是由电子交换的回路所构成的物质支持；二是由其节点和核心构成的系统；三是占据支配地位的管理精英的空间组织。

专注于信息技术对社会影响研究的社会活动家菲利克斯·斯坦尔德指出流动空间是在一个特定的历史条件下形成的，在这一阶段人类活动的各个层面都创造出一种动态运动，而不是静态的位置（Stalder，2001）。斯坦尔德还进一步指出数字通信技术媒介、流动信息以及人和机器交杂的节点三个要素构成了流动空间系统。

孙中伟将流动空间的概念确定为在网络空间引导下地方空间的新表现形式。沈丽珍等从流动空间的研究对象、基本过程、媒介、重要组成部分及其典型空间的角度出发，给出了一个定义：流动空间是围绕人流、物流、资金流、技术流、信息流等要素建立起来的空间，以信息技术为基础的网络流线和快速交通流线为支撑，创造一种有目的的、反复的、可程式化的动态运动。流动空间通过节点将流向不同的各种流动相互连接起来，节点之间的微妙异同实现流动循环。

2. 流动空间的二元属性

根据卡斯特的研究，流动空间可以用两个层次的构成加以描述：一层是由现实生活中可以被感知的经济、社会、自然等物质环境构成的实体空间；另一层是由现代计算机技术和互联网空间支撑的数字化虚拟空间。人类所有经济社会活动推动着虚实空间的互动融合，二者相互依存、相互影响，共同形成了一个流动的空间。实体空间作为流动空间的重要组成部分，其中的物质实体流动有两个特点：一是在信息流引导下，通过交通廊道实现的物理位移，相对于无信息指导的物质流更趋合理有序和高效率；二是物质流对信息流具有反馈作用并推动着信息流的更新和传播。以实体空间为依托的虚拟空间借助计算机和网络技术构建了一个持续运作、即时反馈的电子世界，大大拓展了实体空间的范围，同时也缩短了资源要素传输的空间距离，极大地便利了人类活动。

2.2.2 流动空间的特征

1. 流动性

流动性是流动空间最明显的特征，正如卡斯特所指出的，社会因流动而存在和发展，流动是社会的活力所在（Castells，1996）。汉利曾指出人流、物流、信息流、价值流、文化流、资金流、技术流和知识流等以流动性为特征的要素充满了新空间（Hanley，2004）。流动性是流动空间的根本特征，流动过程中所体现的整体性、层次性和秩序性等特征均以流动性为前提。

2. 共享性

流动空间的共享性是指虚拟空间中的数字化信息可以借助电子通道让多人即时共享，它不会因为使用人数的增多而减少内容，也不会因为重复使用而损耗资源。一方面，流动空间的共享性基于网络介质，不需要大量的实体建筑来承载，也避免了大量折旧成本，这就节约了资源，提高了效率；另一方面，流动空间的共享性大大提高了远距离的空间可达性，使得“天涯共此时”不再只停留在理想层面，距离不再是人们交流和物质交换的重要障碍。

3. 高时效性

传统实体空间受固定的地理位置影响，物理传播媒介和传输手段效用有限，资源流通的效率也有限。而在信息化流动空间里，互联网和通信卫星支撑着知识、信息、技术、组织等要素的跨越时空迅速交流，这种交流弱化了地理区位功能，强化了空间联系，最终通过时间的压缩实现了空间的高效性。

4. 空间弹性

在单一的实体空间里，产业以制造业和物质生产为主，追求大规模生产的规模经济，往往按照等级原则集中布局，组织内部的管理也实行较为严格的等级管理体制，对应着生产要素的等级扩散。而流动空间的发展推动了各类信息、科技、金融、法律等服务产业的发展和知识、信息的再生产，产业布局的弹性大大增强，现实中大量跨国公司的壮大正是流动空间二元属性下空间弹性布局的完美体现。流动空间的弹性也体现在生产组织形式和管理方式的创新中，比如企业摆脱了大规模生产的束缚，转向精益化、个性化生产，网络化的组织管理较之前的单一等级管理更有活力和创造力，这都有助于企业产品质量和经济效益的提高。

5. 高级网络性

流动空间有着高级一体化的网络结构，它以信息技术为基础，在全球范围内组织资源，而且这一网络中组织联系的强度增加并且不断壮大，经济系统的高联系性促进着区域经济一体化的实现，经济要素在实体和虚拟的各级网络节点上集聚扩散，形成即时的反馈和良性循环。

2.2.3　流空间视角下都市圈一体化的解读

流空间视角下的都市圈一体化表现以中心城市为核心不同等级城镇构成的网络化成体系，作为节点的城市间联系由行政主导的垂直等级联系向着纵横交错的多向联系转变，进而推动了区域经济的一体化发展，具备以下特征：

1. 都市圈流空间的网络结构

流动空间中网络化高度发育，表现为网络一体化，可以从其要素组成的角度考察其结构：

（1）实体要素：都市圈内外交通运输线路、各种通信网络设施及各级城市网络构成流空间下最典型的空间网络。同时跨区域的企业和公司等基本单位组成的网络在流空间的结构中也具有重要意义，其经营活动必然会引领信息流、人流、物流、资金流和技术流在区域中的活动。

（2）生产力要素：都市圈流空间的网络空间结构由信息流网络、人流网络、物流网络、资金流网络和技术流网络五部分组成。

（3）地域要素：都市圈空间网络化是一个动态的、连续的过程，必须从地域空间尺度和实践演化尺度两方面来考虑，其在地域上存在核心—外围的静态结构，在时空上又存在点轴—网络化的动态结构。

2. 都市圈流空间网络结构的特点

（1）网络的集聚与扩散：都市圈流空间网络化的空间结构体现出一种由简单网络化向复杂网络一体化演变的趋势，区域经济空间结构同时受到全球化驱动和地方驱动的影响。集聚和扩散仍将在经济发展中发挥巨大作用，经济一体化作为空间实现过程，其根本特征是各种生产要素的空间流动，作为空间状态是生产要素所形成的经济集聚核心和经济扩散点。

（2）网络的等级结构：都市圈流空间中空间网络化发展的地域背景是非均质的，从整体结构上来看并没有达到完全的系统平衡，具体体现在节点和连接线发展的非均衡化。这种非均衡化在一定程度上反而促进了网络联系系统的稳定性，城市节点在网络中影响范围的大小不同，决定城市节点在网络中的地位不同，直接导致了节点在网络中的“等级”结构，同时随着网络中节点和连接线的数量、规模和地位的变化，网络中的城市等级结构也会发生变化。

（3）网络的地域差异：都市圈网络在地域上的映射构成了明显的地域分异现象，从而将等级结构关系显示在具体的地域空间上，反映出节点影响的地域差异。根据各种等级节点、连接线的地域分布，可以进一步分析区域内主要的城市中心。

2.3 流空间视角下都市圈空间结构的演变过程

网络技术的发展推动着各种要素流在“城市—区域—国家—全球”

不同层级范围内流动，深刻影响了经济主体的行为和机构组织的运营管理模式，实现了空间形态的动态化发展和立体化演化。下面运用差异城市化理论，解释不同城市化发展阶段，各种生产要素在不同层次城市之间的聚集与扩散，推动都市圈城市空间结构的演化。

2.3.1　都市圈城市空间结构的演变

在工业化过程中，集聚与扩散两种力量，始终作用于城市空间结构演进的不同阶段，在集聚的过程中有扩散，在扩散的过程中渗透着集聚。

1. 聚集与扩散推动中心地城市体系的形成

差异性城镇化反映了在过程中聚集和扩散两种力量不同的对比关系，及对城市空间结构和城市体系的影响，如图 2 -2 所示。

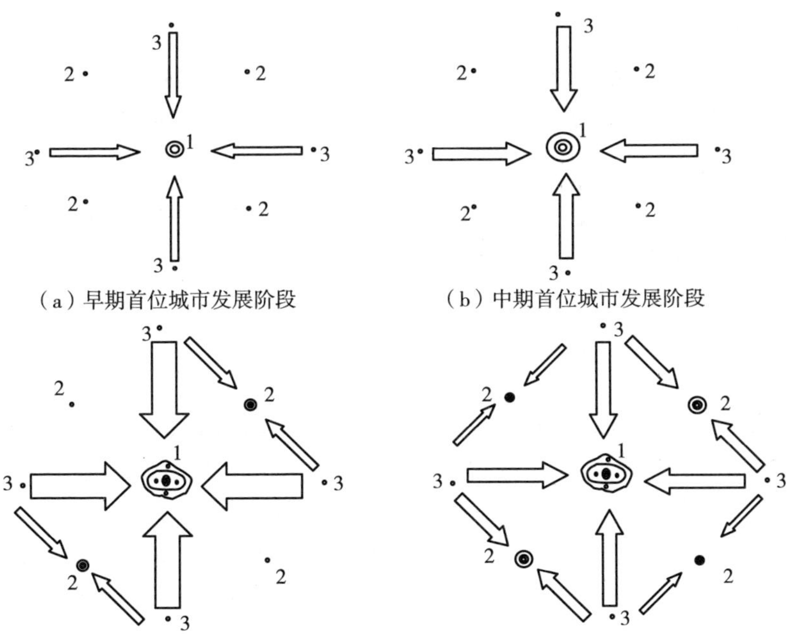

（a）早期首位城市发展阶段　（b）中期首位城市发展阶段

（c）高级首位城市发展阶段　（d）早期中等城市发展阶段

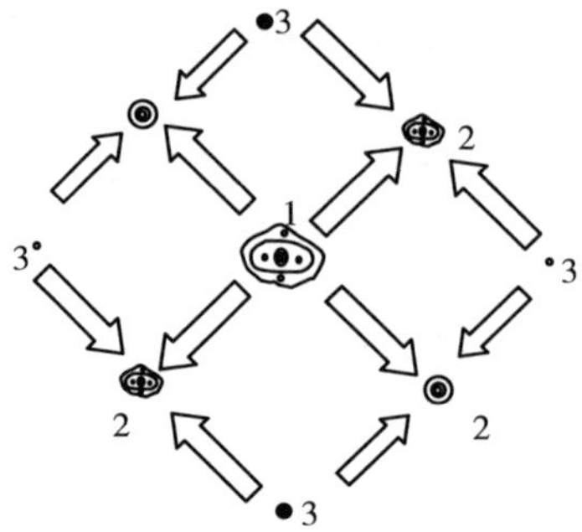

（e）高级中等城市发展阶段

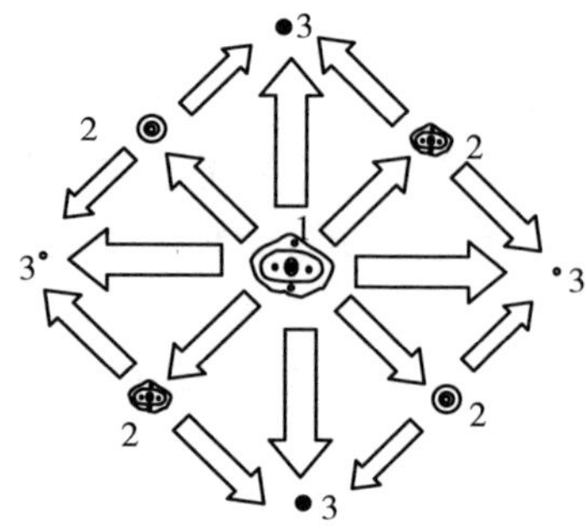

（f）小城市发展阶段

图 2-2　差异性城镇化的六个不同阶段

资料来源：H. S. Geyer & T. Kontuly. A Theoretical Foundation for the Concept of Differential Urbanization. International Regional Scence Review，1993，17（2）：157-177。

（1）以聚集为主的首位城市发展阶段。在前期和中期阶段聚集效应显著，也就是首位城市发展阶段（图 2-2 中 a、b、c 三个阶段），表现为人口和经济活动向首位城市以及大城市的空间积聚，由此促进了大都市区的形成。

（2）聚集扩散并存的中等城市发展阶段。在中后期扩散效应显著，也就是中等城市和小城市发展阶段（图 2-2 中 e、f、g 三个阶段），表现为人口和经济扩散向中等城市。

（3）以扩散为主的小城市发展阶段。在城镇化后期扩散效应为主，已经开始从中等城市向小城市扩散，由此促进了中小城市的发展，推动了城市区域化的发展。

2. 都市圈空间结构的演化规律

按照中心地理论，市场力量、区位特征、创新扩散、发展轴线以及聚集经济五种因素可以解释城市空间结构的形成与发展。许多国家城市体系的形成都可以归纳为以下阶段：

在大城市发展阶段，经济活动以及人口迁移被吸引到一个或者几个首位城市，这一阶段城市体系扩张非常迅速，不断有新城市产生，而那些靠近首位城市的区域往往总是得到优先发展权；随着全国城市体系的继续扩展，中等城市继续成长，经济活动开始出现扩散，而城市体系逐渐呈现出一体化的发展趋势；随着城市体系进一步成熟，产生了有组织的分层结构，出现了从全国到区域、亚区域，以及地方层面的各种亚系统，各级城市体系都出现了从聚集到扩散的转变。

在城市经济发展过程中，城市之间的组织形态经历了“点—线—面—体”的发展演变过程，即从最初的单个城市（点）发展、到城市带（线）、城市群（面）的出现，最后是以中心城市为主导的都市圈（体）。结合差异性城市化不同发展阶段的人口流动状况可以看到：正是集聚和扩散两种力量，以及这两种力量的强弱对比关系，决定着城市化不同发展时期大、中、小不同规模城市的增长特点，从而推动了城市空间结构演进以及城市体系的形成。

2.3.2　不同城市体系模式及其内部联系

上述讨论的聚集和扩散过程对城市体系形成的解释是粗线条的，不能解释城市之间的经济联系，事实上城市之间的相互关系才是城市体系中最核心的内容。普雷德（1977）将城市体系定义为“相互作用的一系列城市，该体系内任何一个城市在经济活动、就业结构、总收入以及人口方面的显著变动都会直接或者间接影响到其他城市的结构变动”。这里，我们结合上文提到的中心地城市体系以及网络化城市体系，对比这两种模式的空间结构和联系特征，其主要区别如表 2－1 所示。

表 2－1　　中心地城市体系与网络化城市体系的对比

特征	中心地城市体系	网络城市体系
结构特征	中心性（centrality）	节点性（nodality）
功能等级	规模上的依赖，取决于人口规模	规模上的中立，取决于城市的地位
联系特征	等级关系，高级别中心地包含低级别中心地的所有功能	建立在合作基础上的互补关系和协作关系
联系方向	垂直联系，主要是从低级中心地向高级中心地单向流动	垂直和水平联系，高级中心地与低级中心地之间的双向流动，以及同等规模中心地之间的双向流动
联系成本	交通成本	信息成本
市场结构	同质产品与完全竞争市场	差异化产品与不完全竞争市场

资料来源：笔者整理。

1. 中心地城市体系和垂直等级体系

克里斯泰勒于1933年创立了中心地理论，该理论从市场原则出发推导出经济的空间秩序，用来解释城市规模、数量以及空间分布的相互关系。在市场原则作用下，城市等级取决于城市的人口规模及其腹地的大小，并由此产生了不同等级中心地之间的垂直关联模式。在克氏精致的中心地模型中，同等级中心地之间的经济联系是不存在的。勒施（1939）从生产角度同样也推导出具有六边形结构的中心地模型，他的模型较为灵活，没有排斥同等级别中心地在某些功能上的相互依赖关系，也没有排斥高级中心地也可以从低级中心地获取商品和服务的可能，但是，他仍然否定了大城市之间相互联系的可能，认为只有一个级别最高的完全自给的城市，作为支配区域发展的控制中心，其腹地的亚中心只具备低级职能，必须依赖这个高级别中心地提供某些高级职能。这种城市体系模式强调了不同级别中心地之间的垂直联系，而等级关系被看作是中心地理论的概念核心，体现在反映人口规模与城市等级关联的经验模型—位序—规模规则上。

在工业时代或者福特制时代，这种存在显著等级制关系的城市发展模式是可能的。这种等级关系在城市体系中依然占据重要位置，但是其内容发生了显著改变。例如，在高度工业化国家普遍存在的多区位组织的空间结构，解释了城市之间就业以及经济增长的变化，这些组织包含着许多在功能上不同和空间上相互分离的经济组织单元，被认为是“多中心等级”（polycentric hierachical）和“非中心等级”（unicentric hierachical），在不同程度上影响着城市体系中的联系特征。随着后工业化社会的到来，各种空间、经济、技术以及社会的发展，使得各种基于互补以及合作的水平联系变得更加重要，从而改变了城市体系的发展模式，出现了网络化城市。

2. 网络化城市体系

现代工业经济地理被看作是由区域间广泛的交易系统连接的紧密的生产聚集体组成的拼缀物（斯科特，1992），同样，从世界某些关键性区位发展起来的网络化城市也类似于这种拼缀物，它具有以下独特的特征组合：富有吸引力的多样性文化环境、发达的研发以及教育设施、灵活而富有创造力的劳动力、不断改善的外部进入性，以及美好的发展远景。在具有上述特征的区位上，网络化城市，通过伙伴城市之间的互惠合作与协同作用而发展起来，并在快速稳定的交通信息廊道作用下，实现显著的范围经济。这种城市空间结构的形成，是经历了聚集过程以后空间扩散的结果，往往与差异化产品、不完全竞争市场密切相连，企业网络促进了城市之间的合作机制以及空间联系。在网络城市体系中，紧密的联系是由于不同地区的互补性功能产生的，而不是简单地建立在距离和需求之上。

与具有单中心城市结构的竞争对手相比，复杂多样的功能联系和区位联系，能够给网络化城市提供整体竞争优势，使其享有更加灵活的多样性和创造性，并减少了阻塞成本。在网络化城市体系中，城市的规模和功能是分离的，高级别的城市功能可以在人口规模较小的城市出现。人口规模不再决定城市功能的主要因素，城市的区位，更准确地说，是该城市在各种空间网络中的作用（结节性）决定着城市地位。

3. 两种不同城市体系的空间联系对比

两种城市体系模型中城市之间的联系特征，如图 2 – 3 所示。图 2 – 3（a）图显示了中心地模型中城市之间的经济关联，可以看到该模型只存在一种从低级别向高级别中心地的单向联系，而同级别中心地之间没有关联，只能部分解释不同规模城市之间的纵向等级联系，不能解释大量存在于同等城市之间的各种错综复杂的横向经济联系。图 2 – 3（b）图显示了网络化城市体系的联系特征，该模型具有多中心的特征，并结合为紧密的联系网络。这个复杂的联系网络中，既包含同级别城市之间的双向联系也包含着跨级别城市之间的双向联系，而且，由于每个中心城市具有功能上的专业化特征，在具有相似专业化特征的大中心城市之间，以及在小城市之间存在双向联系，这种联系的本质是合作而非互补关系。

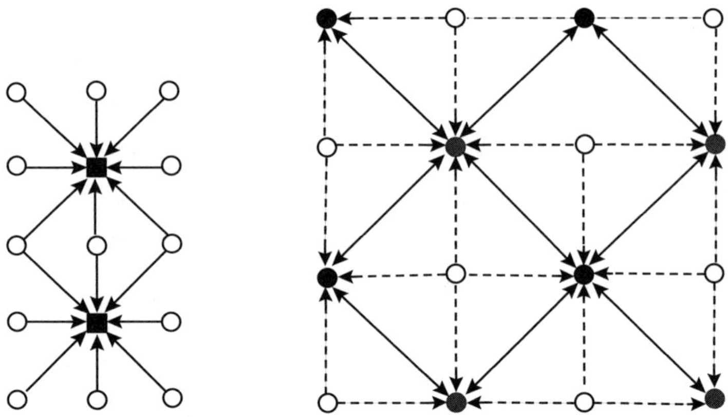

（a）中心地模式下城市之间的相互作用　　（b）网络化模式下城市之间的相互作用

图 2-3　两种城市体系空间模型的城市之间相互作用对比

资料来源：转引自 Evert Meijers. From Hierarchy to Network: a Review of Geography Literature on the Nature of Interurban relationship [J]. Paper prepared for the 16th European Regional Science organized by the European Regional Science Association. June 23-27, 2003. LUgano/Ascona, Switzerland。

都市圈是介于二者之间的区域城市体系，各种经济社会网络连接着不同规模的群落、地区、城市以及中心，形成了星云状空间结构（nubulous structure）。这些错综复杂的社会经济联系，既包括高级别城市与低级别城市之间的垂直等级联系，又包括建立在互补与合作基础之上、同等级别城市之间的水平联系网络，从而使其空间组织结构不同于传统的城市等级体系，各种错综复杂的空间联系正是流空间视角下一体化发展的本质内涵。

2.3.3　都市圈城乡一体化的形成过程

作为城市化主体形态的都市圈，城乡一体化总是发生在都市圈内部，都市圈形成过程就是城乡一体化的过程。都市圈内部实现城乡一体化能够有效地建设乡村、造就多样化的农业，促进乡村振兴，实现城乡融合发展。如何在都市圈建设中实现城乡一体化？将乡村振兴融入都市圈一体化建设中，解决城乡融合发展的载体和模式的问题？因此，只有把都市圈和城乡一体化相结合，才能打造由中心城市、次中心、城镇和乡村构成的各有分工、功能互补、相互促进、协调发展、浑然一体的都市圈新格局。

都市圈的形成首先是在工业化带动下，农村要素向城镇的积聚过程，而后是由城镇向农村的扩散过程，积聚与扩散的协同作用推动着城乡经济社会结构的转变，进而实现都市圈城乡一体化。

在经济活动和人口流动不受限制的条件下，工业化的加快促使一些区位条件较好、经济基础和创新能力较强的城市逐渐成为区域经济的中心和枢纽，即中心城市。它们迅速吸引城镇和农村的人口、资金、技术等向这里汇集，并在极化效应的推动下迅速成长。当中心城市增长到一定规模时，过度集中引发的各种城市问题开始出现，如城市地价高涨、基础设施能力供给不足、生态环境恶化等，城市经济活动需要空间和功能上重新配置。

在市场和政府的共同作用下，中心城市开始优化自身的产业和功能结构，一方面通过经济协作、技术扩散、企业搬迁等，将一部分生产要素、经济活动以及管理服务职能等，外迁到基础条件较好和有要素优势的城镇；另一方面，将城镇和农村符合中心城市产业结构调整需要的要素和产业积聚进来。这种双向的流动逐渐调整了中心城市、城镇和农村的功能分布，形成一个符合各自资源禀赋特点的、高效的产业分工和职能协作体系。一般情况是，中心城市把制造业分散到周边的城镇，自身产业结构高级化，从物质生产中心转向先进服务中心，表现为知识集约化和经济服务化；城镇承接从中心城市迁移过来的部分职能的同时，也承接了一些从农村向城市聚集的中小企业。这些中小企业因逐渐增加的城市级差地租在城镇集中，城乡企业的聚集又吸引着劳动力在这里集中，使这些城镇成为就业和居住的集中地，这又必然要求增强和延伸中心城市的服务功能。

伴随着经济的一体化，城乡之间的联系逐渐扩展演化为更为复杂的社会联系，也使城乡成为一个高度关联的社会体。当这个区域内的各个城镇和城乡间真正形成了地域上交叉和渗透，经济社会功能互补协同，经济社会一体，城乡互促、三次产业协调发展时，彼此间的良性互动成为区域经济社会发展的直接动因，当这种依存关系强大到一定程度时，城乡就成为一个在经济、社会、生活文化等各方面高度一体化的整体，这时一个由中心城市、次中心、城镇和农村组成的都市圈就形成了。

第 3 章　流空间视角下都市圈一体化发展的理论框架

都市圈经济一体化是指在企业、政府等经济主体依靠强大的支撑要素，通过这些影响因素的支撑作用，不断消除城市间经济发展的人为阻碍因素，打破地方保护主义，消除行政壁垒，建立合理的分工合作机制，发挥联动优势，密切城市之间空间经济联系的动态过程。

3.1　都市圈一体化的理论框架

为了推进都市圈经济一体化发展，必须对都市圈一体化理论进行全面分析，了解其发展规律、路径、动力机制等，也就是构造都市圈一体化发展的基本框架。我们选择从经济主体、支撑体系、协调机制这三个维度，来构建都市圈经济一体化的基本框架。这三个维度相互联系、相互作用、关系密切，同时在每个维度中又都有各自的细分，相互之间不断作用，不断加快加深都市圈空间经济联系，共同推动都市圈经济一体化进程。其内在关系如图 3 – 1 所示。

3.1.1　都市圈的经济主体

在都市圈一体化进程中，经济主体是各种经济活动的主导和核心，不论是支撑体系还是协调机制都是围绕着经济主体进行的，都是为其提供服务的，缺乏经济主体的发展是资源浪费。在当前市场条件下，影响都市圈一体化发展的主要问题是经济主体之间的利益冲突问题，不同的城市属于不同的行政区划，不可避免地产生竞争问题，这也就造成了利

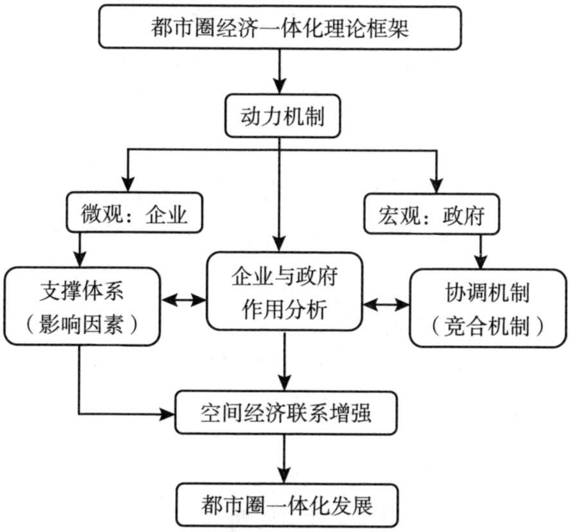

图 3 - 1　都市圈经济一体化理论框架

益纠纷，因此在推进都市圈一体化进程中，要注重调节微观经济主体与宏观经济主体、中心城市和周边城市、周边城市之间的利益关系，协调好各方利益，优化资源配置，形成合理的分工合作机制。

3. 1. 2　都市圈的支撑体系

支撑体系也是一体化不可缺少的一部分，是都市圈经济一体化的影响因素和发展前提条件，都市圈一体化的实质就是密切的空间经济联系，这就决定了中心城市与周边城市之间、周边城市之间以及城市与乡村之间的空间经济联系是一体化的关键因素，是都市圈联合发展的关键所在。都市圈的支撑体系为各种经济要素的自由流动提供了坚实的支撑基础，加速经济要素和资源的配置，加强空间经济联系，为都市圈经济的一体化发展提供基础。

3. 1. 3　都市圈的协调机制

协调机制在一体化中发挥着重要的作用，是都市圈一体化的动力保证，缺少了协调机制，都市圈的发展就会停滞不前，更不用说实现经济一体化发展。都市圈经济一体化过程就是依靠各种经济要素的自由集聚扩散驱使潜在的生产力转换为现实的发展动力，形成竞争合作和互动机制，优化资源配置，不断密切城市之间的空间经济联系，进而推进一体化进程。

三个维度是相互影响、相互支撑的关系，在推进都市圈经济一体化的发展进程中有着至关重要的作用，政府和企业的主体作用贯穿于都市圈一体化的进程中，二者存在着相互依存、相互作用的关系，城市间的联系依赖于企业之间的交流合作，企业的生产活动需要各种经济要素的参与，这就为城市之间、城乡之间的联系奠定了基础；企业之间的联系需要城市间、城乡间联系的保障。

3.2 都市圈一体化发展的动力机制

3.2.1 都市圈一体化发展的微观动力

在市场经济条件下，微观主体的逐利行为推动了经济活动的空间聚集与扩散，并通过要素的自由流动、聚集与扩散和创新以及企业的区位选择与再选择行为来实现。聚集经济效益、规模效益递增以及交易费用的节约，构成了空间聚集的向心力，而由于阻塞产生的聚集不经济，成为空间扩散的离心力，两种作用共同影响推动了城市的成长。

1. 聚集经济是中心城市成长的内在动力

聚集经济是一种由外部规模经济和外部范围经济共同作用的复合经济，通过单个厂商对规模经济和范围经济的追求，实现效率提高和成本降低的系统力量。

城市一方面是富有效率的非农产业集中地，也是人们享受现代物质文明和精神文明的场所。城市一旦产生，自身便具有循环累积效应，进一步吸引人口和产业的聚集，促进城市规模扩大。这种聚集的累积效应具体表现在：

（1）人口和经济活动的大量集中，扩大了本地潜在市场规模；市场规模的扩大，有利于厂商专业化生产，提高劳动生产率，从而吸引更多同类厂商的进入并形成一定程度的产业聚集，同类企业聚集有利于专业化劳动市场的形成以及有才能的企业家聚集，从而增强经济发展的活力。

（2）某些产业在地理上的集中，有利于辅助性产业的建立，使得中间产品和服务的提供因为规模经济而变得更为有利，促进了经济的繁荣，从而可以吸引更多人口和产业的集聚，支持更多金融和商业机构的发展，而这些现代服务业可以优化生产的外部环境，使得产业更有效率，并促进城市规模的进一步扩大和城市职能的继续提升。

（3）城市规模的扩大使得基础设施和公共服务的提升更有效率，同时，大规模的人口以及多样化的需求刺激了广泛的娱乐、社交、教育等现代生活服务的蓬勃发展以及企业创新活动的产生，可以提升城市职能。良好的基础设施和公共服务、完善的生产性服务以及丰富多彩的都市文化，优化了大城市生产和生活的外部环境，不但可以满足居民对美好物质生活与精神生活的追求，同时可以为工商业者提供更多面对面的交流机会，由此促进了人口和经济活动的进一步聚集。

2. 中心城市发展由聚集走向扩散

聚集经济是城市空间经济增长的向心力，促进了区域增长极的形成，并为扩散功能的发挥集聚能量。随着城市规模越来越大，其经济增长的能量也越来越大，但这种空间聚集过程不可能无限扩张下去，因为当经济活动集聚到某种程度后，便会受到当地空间和资源的限制，产生阻塞成本，形成聚集过度现象，产生地价上涨、居住拥挤、环境恶化、交通阻塞等聚集不经济现象，从而产生经济活动的离心力，推动厂商和流动工人从阻塞中心向边缘地带分散和转移。当离心力逐渐超过向心力时，城市空间结构开始出现从一点聚集向多点聚集，从单体扩张向群体演进的趋势。

3. 聚集与扩散推动都市圈空间结构的演进

作为一种大规模的区域，都市圈是聚集和扩散两种力量共同作用的结果。任何一个城市都孕育着几个相互叠加的地方化产业综合体，以洛杉矶为例，其拥有航空、影视、制衣业等产业集群，是具特色的地方文化产业综合体，形成了一种类似万花筒般的土地利用模式。但只有这些经济活动的聚集并不能形成繁华的大都市，还需要伴随着人口在一定空间内的大量集中。在规模效益下，聚集本身成为一种促进人口和经济活动再次聚集的动因，也推动更大规模的聚集现象。

财富、人口和市场的高度聚集，使得大都市带成为一个强大的增长极，进而对周围地区产生了强大的极化和扩散作用。一方面，先进生产要素不断向中心城市聚集，增强了大都市带的整体经济实力、技术基础和加工能力，使其保持了活跃的产业转化力；另一方面，强大的经济势能使其成为巨大的辐射源，对周围地区产生了强大的辐射力。中心城市通过产品扩散、技术转让、产业转换，不断地将一部分附加值低、污染严重、占地面积大的生产性企业转移到外围地区。这种产业转移，不但保持了中心城市先进的生产、服务功能，也带动了周围地区的经济发展，促进大都市带内部合理的产业布局和空间结构的形成，增强了整体经济效益。

3.2.2 都市圈一体化发展的宏观动力

都市圈空间结构的演化是市场经济条件下，微观经济主体在自身利益最大化驱动下的一种空间自组织过程，市场机制是推动要素流动、聚集与创新的根本动力。但作为政治、经济、文化等因素在空间上的投影，城市结构不但受到市场机制的作用，同时还受到制度——政府作用的制约。市场机制促使生产要素在更大范围内实现最优配置，政府的作用则是为市场机制的发挥提供必要的制度保障、公共服务和基础设施。

推进工业化的基础动力来源于地方政府强烈的投资冲动和区域赶超欲望。随着放权让利财政改革的独立财政实施，地方政府具有了较大的资源配置权和经济决策权，成为主导区域经济发展的主体。在经济转型时期，地方政府一方面对内提供公共物品支持地方经济发展；另一方面用行政手段支持本地企业参与对外市场竞争，在一定程度上推进了市场化的进程，但却造成了“区域大战”和地区封锁，导致形成市场分割、地区分工受阻以及资源配置低效率甚至无效“行政区经济”。

都市圈作为一种先进生产组织方式的空间载体，其发展需要制度支持，更需要体制创新，这些政策制度是市场机制顺利运行的保障，将为都市圈发展提供良好的外部环境。随着市场经济体制的完善，分工和专业水平的提高，地方政府要弱化经济建设职能、强化公共管理和服务职能，要从重视投资工业项目建设，转向根据城市规划和环境规划进行公共性投资，从经济发展职能为主，转向社会和谐发展。地方政府应当在完善城市基础设施、优化城市投资环境、提高城市竞争力的同时，通过旧城改造、提升生态宜居环境，进一步推进城市更新，提高城市的发展质量。

3.3　都市圈一体化的支撑体系

支撑体系是都市圈一体化发展演化的主要前提，是都市圈一体化的微观基础。影响都市圈经济活动的主要因素是城市间的空间经济联系，这决定了城市间的空间经济联系是都市圈经济实现整体联合发展的根本所在，而城市间的交流合作需要完善的支撑体系基础。都市圈的支撑体系就是都市圈一体化的技术、经济、制度基础，影响了都市圈的发展水平和层次，都市圈的各经济主体正是通过这些要素参与到经济联系之中，是各种经济要素实现自由流动的途径和基础。因此，在一体化发展进程中，要注重支撑体系的建设，实现其坚实的基础支撑作用。根据都市圈理论研究和具体实践经验，认为其支撑体系有以下三个方面。

3.3.1　基础设施

都市圈一体化是空间一体化和经济一体化的统一，不仅是网络化空间组织形成的过程，也是经济联系不断加强的过程。作为资金、人口、信息、技术等流动要素的空间支撑载体，其空间结构受到交通信息等基础设施条件的塑造，下面着重介绍交通这一最重要因素。

交通条件是经济辐射的通道和经济联系的纽带，对于区域联系强度、规模和方向起到重要的引导作用。快速综合交通网络促使都市圈内部形成高效、有序的空间网络，引导经济、产业在空间上沿着阻力最小的方向发展和布局，为区域内要素的快速流动、城市之间紧密的空间经济联系提供物质保证。交通设施和条件的改善，可以提高可达性，密切都市圈内部经济联系，优化空间结构。

1. 可达性促进了网络化空间组织的形成

交通条件对城市空间结构的影响是通过交通便捷性——可达性来实现的，通过点、线和网络三种性状对都市圈空间结构产生影响。

首先，交通枢纽以其便捷的运输、优越的区位优势，吸引众多的人流、物流的聚集，成为都市圈网络中聚集效应最高的结节点。其次，交通线路，尤其是承担重要运输的铁路、公路交通干线，成为都市圈发展轴线。沿着交通线路两侧布局，能够节约厂商生产的运输成本，从而引导城市用地沿交通线路不断向外扩展。最后，综合交通网络的形成，促进了都市圈内部密切的经济联系，保证了人流、物流、资金流的高效流动，区域公共交通网络的形成对都市圈网络结构的演变起着必不可少的前提作用。

交通技术的发展和完善，可以直接缩短城市间的距离，并节约城市间交通的费用，优化了沿线区域的经济区位，有利于人口和产业的轴向聚集，引导都市圈内部城市空间结构的有序化发展——从单中心向多中心、网络化的演变。

2. 综合交通网络构成了空间联系的基本网络

交通运输网络构成了都市圈空间经济联系网络格局的基础和路径。综合交通网络包含多种运输工具和交通方式，构成了都市圈经济运行的基本路线图。以综合交通网络为主轴，另外加之辅助的电力、通信等多种基础设施构成的复合型发展轴，使得空间网络更加完备，是都市圈城市之间，资金、人口、信息等“流”传输的通道，都市圈空间发展的不同复合轴线，构成了都市圈空间经济联系的网络基础，为城市间的经济交流联系提供了渠道。

3. 联系性增强了都市圈内部的内聚力

都市圈是具有高度内聚力的空间组织形式，联系性构成了都市圈一体化发展的内聚力。都市圈内部存在着一个由经济、政治、社会和文化等因素构成的网络，这些经济联系通过资金、人员、信息等“流”的形式转化而成。由多种运输工具——高速公路、铁路、轻轨等现代交通设施，构成了安全、高速、通畅、便捷的综合交通运输网络，引导经济和产业进一步优化，在空间上根据阻力的大小不断发展和布局，促使都市圈内部高效运作，实现联动发展。

3.3.2　经济基础

都市圈经济一体化进程受经济基础的影响，由于都市圈内部存在的共同的地理区位、人文历史、亲缘关系基础，具备共同的归属感和认同感，因此这些城市间的经济要素流动会不断增强，各城市功能就会出现分化与融合，从而推动了都市圈的发展和演变。可见，市场经济基础是促进都市圈经济发展，进而实现经济一体化的动力，具有不可替代的作用。

我国的市场体系还存在诸多弊端，虽然从总体来看，我国已经逐步消除产品市场发展中的阻碍，但是在资金、人员信息等经济要素市场的障碍还没有彻底消除。同时，由于政府行政区划的存在，地区市场分割明显，盛行地方保护主义，只注重自己的经济利益，同时由于趋利性使得都市圈内存在明显的产业重叠现象，市场发展缺乏统一完善的规划。

另外，市场机制虽然是实现都市圈整体联合发展的根本推动力，然而，如果市场机制要完全按照追求自身利益最大化的原则调节区域经济发展，则必然会导致整个社会经济的不协调，导致市场体系功能发挥失常，包括三个假设：即市场均衡，价格在可以自由波动的基础上，都市圈经济就会出现均衡现象；理性人假设，在当前经济体制中，帕累托最优行为有着关键作用，经济主体即城市均是理性的经济人，按照自身利益最大化为原则进行经济活动；完全信息，在市场经济体制下，经济主体能够免费并且迅速全面地掌握各种信息，从而了解经济现状。但是现实中大多数市场都是不完全市场。

中心城市在都市圈经济中处于中心地位，实力强大，具备良好的地理区位和经济优势，凭借其强大的经济势能对各种经济要素具有高度的吸引力，通过集聚和辐射效应，对周边城市进行有效带动发展，实现各城市之间的互利共赢，形成都市圈的整体联动优势，推进一体化发展，因此中心城市是都市圈形成发展的关键，在一体化进程中要重视中心城市经济实力的培养和加强，建立统一的市场体系。

3.3.3 制度环境

都市圈内各城市经济发展离不开诸如制度统一化、政策完善化等基础条件，这是市场机制难以实现的，需要各级政府的努力。

在政府机制的作用下，都市圈一方面要实现经济整合，另一方面要提升都市圈自身的实力，促进都市圈内部不同城市间的合理分工合作，提高经济效率，解决市场机制无法解决的外部效应。这充分说明了政策制度对于都市圈一体化的重要作用，论证了国内外都市圈的发展实践。

政府机制也存在相应的弊端，也称为“政府失灵”，包括两种情况：一是政府干预之“过”，政府的干预是为了弥补市场机制的不足，但是过分的干预就会超出市场需要，从而产生负效应。二是政府干预之“不及”，一方面假如政府干预的力度不足，就不能够弥补市场和产业发展中出现的问题和不足，不能满足市场需要；另一方面，政府作出的干预不适合市场的需要，因此也就无法发挥其应有的作用，不论是“过”还是“不及”，都反映了政府的干预工作不到位，对都市圈经济发展没有起到应有的效应。

都市圈一体化进程，既注重局部个体城市的联合与分工合作，也注重整体联动优势的塑造，各种经济要素和资源在都市圈空间范围内自由流动，并需求最佳配置位置，凭借市场机制和竞争合作机制，在最大化个体城市经济效益基础上，最优化都市圈的整体效益。仅仅依靠政府主导的区域发展模式已经不能适应当前经济发展需求，在都市圈整合发展过程中，每个城市个体都是独立的行为主体，都会有利己动机，希望能够实现自身利益最大化，这就严重阻碍了都市圈一体化发展的推进，产生地方保护主义的行政壁垒，导致都市圈内部城市之间产业、基础设施、制度等不能很好地实现对接，也就无法提升个体城市功能，无法提升都市圈整体竞争力，导致各种不合理的问题。所以在推进都市圈一体化进程中，要注重制度环境的作用，消除各种阻碍都市圈一体化的人为因素和政策障碍，密切城市间空间经济联系，进而不断推进一体化进程。

这些影响要素的不断发展，标志着都市圈经济一体化支撑体系的不断完善和健全，是都市圈实现整体联合发展的重要前提和发展基础。

3.4 都市圈一体化的协调机制

协调机制是都市圈经济一体化的动力机制和有效保证，是都市圈一体化的宏观基础。缺乏协调机制的都市圈是一个真正意义的现代空间组织，更不用说实现经济一体化。从宏观上来看，都市圈是一个利益系统，内部经济主体众多，每个经济主体又有不同的细分和各自的角色定位，并且各自代表不同的利益，可以将都市圈看作经济主体之间的竞争与合作机制。都市圈存在城市等级体系，每个城市都有着不同的经济势能，对要素的吸引力也都各不相同，因此，为了消除阻碍都市圈一体化发展中的人为因素和制度障碍，要不断完善城市之间的竞争合作机制，都市圈内部形成合理的分工合作布局，形成要素自由流动的良性循环，优化资源配置，使得各种要素资源都能够得到最优利用，密切城市之间的空间经济联系，稳步推进都市圈的一体化发展进程。都市圈的协调机制是实现都市圈资源合理配置、进行有效运作的合理机制，有助于不断推进都市圈一体化进程。所以，在不断推进一体化实现整体联动发展的进程中，要着力塑造市场的协调机制，加快加深经济要素在空间内的集聚和扩散，创造合理的分工合作经济结构，不断加强都市圈内的空间经济联系，进而持续推进一体化进程。

3.4.1 都市圈内部的合作效应

现实中，都市圈在其圈域内有着共同的经济、文化、社会基础，因此内部各城市之间存在高度的共生关系，有着强烈的归属感和认同感，为都市圈内部实现联合发展提供了前提和基础。

都市圈内部中心城市和周边城市之间具有合作效应，周边各城市之间也具有合作效应，随着全球化和工业化的发展，中国经济正在快速发展，不断与国家经济接轨，经济效率不断提升，都市圈整体功能日益优化，城市之间的空间经济联系更加紧密，一体化态势更加明显。同时，城市之间的经济要素和资源的自由流动和布局使得都市圈形成了新的空间格局，随着经济的发展，城市等经济主体在都市圈强大的支撑体系基础上，资金、人才、信息等经济要素在空间内不断集聚和扩散，在城市间自动转移和重构，体现了经济活动的本土化倾向。因此，在一体化进程中，一方面要注重经济主体的分化，明确其地位和优势；另一方面要培育和创造有利于产业集群的布局形态，从而不断增强都市圈的竞争力。如今区域间的竞争，已经从单纯依赖比较优势转变为依靠社会网络竞争优势，都市圈内任何城市想要增强并保持自身的竞争优势，都应该积极主动的迎接全球化和工业化，自觉同其他城市建立合理的协作机制，相互辐射经济潜力，选择区域经济协调发展的新模式，不断推进都市圈一体化发展。

都市圈成功的实践经验表明：区域经济发展的核心在于都市圈整体的联动能力，正是这种联动优势，造就了一个个国际化都市圈，他们都是以一个或几个中心城市为核心，组成的具有紧密空间经济联系的空间布局，地理位置接近并且经济社会一体化程度高，发展演变为在城市功能上互补，在产业结构上相互依存，在社会文化发展上不断趋同，并且以中心城市为核心，依托强大的支撑要素体系形成的都市网络集群。随着区域经济的不断整合，都市圈内部的经济合作效应尤为明显，不断实现要素资源的整合配置，寻求合作发展已经成为城市经济发展的客观要求。都市圈的发展离不开城市之间的合作效应，同时城市的发展也不能脱离都市圈独自进行，在新形势下由于城市等级体系的存在，不同城市有着不同的经济优势，各种经济要素在空间内自由流动，寻求最大的发展机会，加强城市之间的合作，形成都市圈整体的联动优势成为都市圈发展演变必不可少的步骤，是推进一体化进程的大势所趋。

影响都市圈城市经济合作的因素有很多，范围也很广泛，这里我们选取三个必备要素来加以介绍：第一，主体要素。都市圈中的合作关系的主体是城市，包括中心城市和周边城市，也就是说，都市圈中的合作效应的主体应该是圈域内城市等级体系中包含的所有城市。第二，资源要素。都市圈城市发展的自然资源和社会资源具有差异性，不同的城市的要素各不相同，在这个前提下，资源要素维系着都市圈城市之间的合作关系。都市圈的资源要素就是资金、人才、科技、信息等经济资源。第三，约束条件。即合作关系的各经济主体所遵循的规则。所有合作关系，都必须有约束条件这个前提，如果缺少了约束，合作关系也就会自然瓦解了。

综上所述，主体、资源和约束条件是支撑都市圈合作关系的三大因素，为都市圈城市之间和城乡之间的合作提供了前提条件和基础，对都市圈一体化发展有着重要作用。

3.4.2　都市圈内部的竞争效应

都市圈内部不仅存在着合作效应，还存在着竞争效应。正是因为竞争效应，才为区域协调发展提供了方法和途径。所以，我们有必要了解并理解都市圈的竞争效应。

都市圈内城市之间不可避免地存在着竞争关系。由于都市圈形成初期，各城市对自己的角色定位没有清晰的认识，在产业结构和城市功能方面会有趋同性，因此在支撑体系发展到一定程度之后，城市间就会出现不同程度的竞争效应，尤其是在中心城市和周边城市还未实现均衡发展时期，竞争效应表现得更为明显。这种竞争效应在都市圈还未高速发展时，有可能会导致恶性竞争，产生负效应，但是随着经济的发展和城市之间的交流合作，这种竞争效应会渐渐演化为良性循环。因此，在都市圈一体化进程中，中心城市和周边城市关系的处理就显得尤为重要，中心城市的发达程度和辐射带动能力决定了都市圈的发展潜力，对周边城市的发展有着至关重要的作用，同时周边城市的协调稳健发展反过来会稳固中心城市的地位和作用，实现都市圈的整体联动发展，加快一体化发展进程。

城市是都市圈一体化的宏观经济主体，政府是城市的代言人，因此地方政府也可以成为都市圈竞争效应的主体，但是由于行政区划和利己行为的存在，导致地方政府常常会做出有垄断主义色彩的行为，这对市场自发的竞争效应是一种挑战，忽略了市场机制的作用，会导致资源浪费和成本增加，因此，在稳步推进都市圈竞争效应的同时要排除地方保护行为，加强城市间的交流和合作，进而实现良性竞争效应。

作为都市圈的经济主体，中心城市要认清现实，不断发展，努力壮大经济实力，接受较发达周边城市的辐射和带动，不断提升城市功能，实现对周边城市的辐射和带动作用，整合圈域内要素资源。同时，中心城市不能封闭，还要不断密切同周边城市之间的经济联系和合作，在城市间形成功能互补和整体联动优势，进一步增强对周边城市和经济要素的集聚力和吸引力。周边城市也要破除地方保护主义，对外开放、共同发展，突破行政障碍，不断消除各种贸易壁垒和产业同构现象，齐心协力，形成紧密的空间经济联系，促进都市圈的一体化进程。

综上所述，在一体化进程中，要协调好中心城市和周边城市的关系，发挥中心城市的主导作用，培养城市间良性竞争合作的氛围，形成合理的分工合作角色，对自身角色有清晰定位。同时要破除地方保护主义的行政障碍，协调各级政府，实现资源的有效合理配置，突出中心城市的模范带头作用，加深加快同周边城市的交流和合作，发挥其整体联动优势。

3.4.3 都市圈内部的互动机制

都市圈的竞争效应与合作效应是一个持续的过程，在这个过程中要加快打造城市间良性的竞合机制，最终实现都市圈整体的协调发展。同时，这种长期持续的竞合关系会发展演变成为一种动态的均衡。

都市圈中心城市和周边城市的关系是动态演变的。第一，二者是相对的。在都市圈这一空间范围中，中心城市是都市圈的经济中心和辐射中心，也是经济势能优势明显和辐射带动能力的核心。第二，二者是互动的。各种经济要素在中心城市和周边城市之间自由流动，形成城市功能互补和产业承接的格局，两者之间存在着互动关系，有着合理的分工，具有联动优势。第三，二者是相互转化的。都市圈内部结构有着动态性的特征，随着城市经济的发展和城市功能的完善，中心城市完全有可能被原先的周边城市所取代，所以，在都市圈一体化进程中要特别处理好二者关系，形成良好的竞争与合作机制、实现合理的分工合作布局，保证每个经济主体的利益和发展，以多个发达的局部带动整体发展。

在都市圈经济中，生产力以及科技进步是一体化发展的原动力，而城市间的协调机制则将这种单纯的原动力转变为都市圈一体化进程的现实生产能力。实践证明，实现一体化的方式和手段依赖于各种经济要素在城市间的集聚和扩散功能，集聚是指资金、人口、技术、信息等要素在空间范围内的集中，扩散是指资金、人口、技术、信息等要素在空间范围内的扩张和传播。由于中心城市和周边城市经济势能的差距，经济要素在都市圈空间范围内自由流动，选择最优的发展区位，密切城市间的空间经济联系。在都市圈一体化发展进程中，要实现中心城市的主导功能，同时不断提升周边城市与中心城市的匹配度，为要素资源在城市内不断集聚扩散提供经济基础，实现都市圈联动发展，推动一体化进程。

综上所述，要认识都市圈内部各城市之间的互动机制，首先要明确中心城市和周边城市的地位和优势，形成良好的竞争合作机制，实现合理的分工合作布局，正确的引导竞争，加强城市间合作，正确处理城市间的利益冲突问题，建立区域共同市场机制，实现都市圈各城市个体的互利共赢。因此，要正确处理中心城市和周边城市的关系，打破条块和行政分割，创造竞争合作新机制，发挥都市圈的联动优势。

3.4.4　都市圈城乡融合发展

改革开放特别是党的十八大以来，我国在统筹城乡发展、推进新型城镇化方面取得了显著进展，但城乡要素流动不顺畅、公共资源配置不合理等问题依然突出，影响城乡融合发展的体制机制障碍尚未根本消除。建立健全城乡融合发展体制机制和政策体系，是党的十九大作出的重大决策部署，为重塑新型城乡关系，走城乡融合发展之路。推进城乡发展一体化就是要把工业和农业、城市和乡村作为一个整体统筹谋划、促进城乡在规划布局、要素配置、产业发展、公共服务、生态保护等方面相互融合和共同发展，着力点是通过建立城乡融合发展的体制机制，形成以工促农、以城带乡、工农互惠、城乡一体的新型工农城乡关系。

城乡关系演变的本质是城乡资源配置的问题，政府调控与市场机制作为资源配置的两种主要方式，在城乡发展过程中都起到了不可或缺的作用。在城乡一体化进程中，需要政府与市场的双轮驱动力，政府主导和市场驱动是推动城乡融合，实现一体化发展的核心主体。两者之间应该是相互联系、相互影响的互动耦合关系。

城乡融合发展的体制机制，包括建立健全有利于城乡要素合理配置的体制机制、建立健全有利于城乡基本公共服务普惠共享的体制机制、建立健全有利于城乡基础设施一体化发展的体制机制和建立健全有利于农民收入持续增长的体制机制。其中，政府更多扮演的是经济社会发展政策的制定者和公共资源的配置者角色，它的主导作用集中体现在推进财政管理体制改革，增加中央和省级财政对县级财政的一般性转移支付力度，保障县、乡政府基本财力，加大农村基础设施建设、公共服务供给的支持力度，注重民生财政的投入力度，加强对农民及整个社会弱势群体的支持和保护，形成长效公共财政供给机制以及解决城乡户籍管理一体化和福利供给制度一体化。

第4章　济南都市圈一体化发展的实证分析

通过对都市圈一体化理论框架的分析可知，都市圈内部城市之间的空间经济联系在很大程度上决定了都市圈一体化水平，是都市圈一体化水平的评价标准，因此，从空间经济联系强度的角度来测度都市圈一体化发展水平。

4.1　流空间视角下都市圈一体化发展的评价标准

都市圈一体化的实质特征就是其具有紧密的空间经济联系特征，都市圈空间经济联系的强度决定了都市圈一体化水平和层次，都市圈空间经济联系的方向决定了都市圈的空间格局和产业布局形态，从而构造生成了独特的都市圈经济空间形态。都市圈内部具有动态性的特点，各城市之间要素资源的自由流动是都市圈一体化的手段和路径，都市圈通过城市之间紧密的空间经济联系形成一个整体，中心城市与周边城市、都市圈与都市圈外围城市之间不断进行要素资源的合理配置，各城市更加明确自己在都市圈中的地位和优势，不断寻求突破，寻找更好的机会发展，使得资源能够在最大程度上得到利用，产业结构得到优化升级，城市之间合作竞争机制健全，都市圈内部空间经济联系密切，城市体系分工合理有效，一体化水平不断提升。因此，都市圈空间经济联系是一体化进程中的关键因素，对于一个国家经济发展和区域协调有着重要的指导作用，对于推进一体化有着举足轻重的地位和作用。

因此，通过对都市圈一体化理论框架的分析研究，可以看出都市圈一体化的实质就是紧密的空间经济联系，空间经济联系在都市圈经济协调发展中具有举足轻重的地位，对于都市圈整体联合发展的稳步推进和一体化进程有着重要作用，是都市圈一体化水平的评价标准。

4.2 模型构建

4.2.1 经济联系强度——引力模型

当前测度经济联系强度方法主要是引力模型，以前的研究大部分在这个基础上做了不同程度的修正，但是他们或是仅仅用少数几个指标来修正城市质量，或是单独修正时间距离、交通距离，都不能全面反映都市圈经济联系强度的真实水平。因此，建立综合两项指标的复合指标来修正城市质量这一指标，代替单一评价指标，通过综合最短时间距离和最小费用成本来修正经济距离这一指标，代替以往研究模型中的时间距离，以此测算城市间经济引力，以更全面地体现城市间的空间经济联系强度。

4.2.2 模型的修正及指标选取

城市是都市圈经济一体化发展的重点，它作为区域发展的经济增长极与周边地区发生着相互作用，并且对周围地区有很强的吸引力和集聚力，引力模型表明城市吸引力的大小和空间范围与城市质量和城市间的距离相关，通过下式表示：

$$F_{ij} = K\frac{M_i M_j}{D_{ij}^2} \tag{4-1}$$

其中，F_{ij}表示城市 i 与城市 j 的经济联系强度，即城市间的吸引力；M_i、M_j 分别表示城市 i 和城市 j 的质量；D_{ij}表示城市 i 与城市 j 的空间距离；K 是万有引力常数，根据经验数据取 $K=1$。

1. “城市质量”指标体系的选取与构建

城市经济发展水平取决于区域内资金、人口、技术等多种因素相互作用，是多种因素综合作用形成的，单一或少数的指标无法全面体现城市的经济发展的整体水平，所以，利用引力模型来分析研究都市圈内城市间空间经济联系，首先对“城市质量”这一指标进行修正，提出并形成了一套完善的指标体系来表示城市的整体发展质量全貌。

城市质量通过城市竞争力来反映，城市竞争力的评价指标是一个复杂综合的动态体系，因此，为了能够综合全面地反映城市经济发展水平，即“城市质量”，按照科学合理的解释原则，借鉴城市竞争力的评价指标体系与实证模型的理论研究成果，结合济南都市圈的实际发展情况，从经济、社会、潜能及辐射竞争力四个维度共选取了地区生产总值、全社会固定资产投资额、地方财政收入支出等 22 项反映经济发展能力的指标，来构建城市质量的评价指标体系（见表 4－1），为方便计算将指标定义为 A1 ~ A22。

表 4－1　　城市质量评价指标体系

经济竞争力	A1 地区生产总值
	A2 全社会固定资产投资额
	A3 地方财政收入
	A4 地方财政支出
	A5 人均地区生产总值
	A6 第三产业增加值占国内生产总值的比重
社会竞争力	A7 居民储蓄存款余额
	A8 社会消费品零售总额
	A9 居民生活用水量
	A10 园林绿地面积
	A11 市区运营公共交通车辆数
	A12 城镇居民人均可支配收入

续表

潜能竞争力	A13 高等学校专任教师数
	A14 高等学校在校学生数
	A15R&D 经费支出总额
	A16 公共图书馆藏书量
	A17 专利申请授权量
	A18 医生数
辐射竞争力	A19 实际利用外资额
	A20 客运总量
	A21 货运总量
	A22 邮电业务总量

2. 关于城市间距离的测度

在传统引力模型中，反映城市相互之间吸引力和集聚力的指标是空间距离，而空间距离并不能完全体现两城市之间的交通便利程度，随着交通网络的进一步构建和完善，城市之间的空间经济联系不再仅仅取决于其空间距离的远近，还受到城市之间运输方式不同的制约，运输方式的多样化和多元化直接影响到城市之间的交通时间和交通成本，进而影响都市圈空间经济联系的密切程度。综上所述，在此基础上做出改进，引入最短交通时间和最低交通成本这两个指标来反映两地之间的经济距离。设 i、j 城市之间有 n 种交通方式，且每种交通方式的最短时间为 t，最低交通成本为 y，则两地之间的经济距离可表示为：

$$D_{ij} = \sum_{m=1}^{n} (\lambda_{ij-m} t_{ij-m}^{-1} y_{ij-m}) \quad (4-2)$$

其中，λ_{ij-m}是指从 i 城市到 j 城市的采用第 m 种交通方式的权重，t_{ij-m}是指从 i 城市到 j 城市的采用第 m 种交通方式的花费交通时间，y_{ij-m}是指从 i 城市到 j 城市的采用第 m 种交通方式的花费的货币成本，从而修正后的经济引力模型和模型可表示为：

$$F_{ij} = K\frac{M_iM_j}{D_{ij}^2} = \frac{M_iM_j}{\left[\sum_{m=1}^{n}(\lambda_{ij-m}t_{ij-m}^{-1}y_{ij-m})\right]^2} \tag{4-3}$$

其中，当城市之间的交通方式仅包括铁路和高速公路两种时，参考高汝熹的城市间的通勤距离修正参数，确定铁路和高速公路的权重值分别为 0.45 和 0.55；当城市间的交通方式包括铁路、动车高铁和高速公路三种时，参考孙晶的距离修正参数，确定文中计算的三种运输方式铁路、动车高铁和高速公路的权重值分别为 0.4、0.4 和 0.2。

4.2.3　主成分分析法步骤

第一步：查找数据，而且此数据和研究对象相关。因为经济数据往往具备着较强的相关性，因此要对数据做标准化处理以消除量纲的影响，使得所有的数据均处于 0 ~ 1 的范围。

第二步：用 SPSS 软件进行主成分分析。首先使用 SPSS 软件中导入 EXCEL 表格中的数据。然后选择“分析”→“降维”→“因子分析”的命令，并进行主成分分析的相关设置。

在“描述”选项内，勾选单变量描述性（包含变量的均值、标准差、有效个案数）、原始分析结果、系数和 KMO 和 Bartlett 的球形度检验。原始分析结果能够告诉我们主要变量的方差原始数据的分析结构，显示所提取的方差、特征值及其对原始变量的贡献百分比和累计贡献百分比。

在“抽取”选项内，依照 SPSS 软件的初始设置，也就是相关性矩阵和基于特征值大于 1 来抽取主要变量。

在“旋转”选项内，选择“无”，因为采用的数据分析没有必要进行因子旋转。

在“得分”选项内选择保存为变量，方法是回归分析。

在“选项”选项内，一切按照原始的设置进行就好了。

第三步：分别得出经济竞争力、社会竞争力、潜能竞争力、辐射竞争力四个方面的相关矩阵表、公因子方差表、方差贡献率矩阵、因子载荷矩阵，并且通过计算得出各个主成分的表达公式以及最后得分，计算求得都市圈“城市质量”的得分。最后将得分进行主成分分析，得出都市圈“城市质量”的综合得分。

4.3 济南都市圈一体化水平分析

4.3.1 济南都市圈

济南都市圈是山东省发展的重要战略部署，是“一群一圈一区一带”空间发展格局中的重要部分。济南都市圈包括济南、淄博、泰安、莱芜、德州、聊城、滨州 7 个设区城市，总面积为 5.2 万平方公里，占全省的 33.4%，2016 年末人口为 3465.3 万人，GDP 为 23229.95 亿元，分别占全省的 34.84% 和 34.67%，济南都市圈在山东省 1/3 的土地上创造了较大的生产能力。济南是济南都市圈的中心城市，其余六市均与济南直接接壤，并且依次相邻，紧密围绕在济南周围，共同构成了以济南为中心、以其余六市为周边的空间形态格局。济南都市圈具有独特的区位优势，东临山东半岛城市群，西靠中原城市群，南接长三角城市群，北依首都都市圈。都市圈目前拥有一个 4E 级机场，京沪和胶济两条高铁线路，另有多条铁路干线贯穿其中。都市圈内部各城市之间均有高速路连通，再加上密集的国道、省道等，济南都市圈已经基本具备一体化的交通设施基础和条件，目前已初步形成“一小时都市圈”。

综合来看，济南都市圈可以说是“一河”相系、“一脉”相连，同时拥有“五大特征”。“一河”相系，具体指都市圈西北部地区属于黄河冲积平原的范围。“一脉”相连，具体指济南、淄博南部和泰安、莱芜，属于鲁中山脉这一体系。“五大特征”：一是省会带动型。作为济南都市圈的中心城市，济南已经具备了区域一体化的基本条件，同时作为省会，济南聚集了多方面优秀的资源，其政治、文化和经济中心地位是济南最大的竞争优势和最好的城市品牌。二是近海内陆型。山东省虽然属于东部沿海地区，但济南都市圈除滨州以外的六市都属于典型的内陆城市。三是差异显著型。七市经济发展层次不同，有显著差异，济南和淄博是发达区域，泰安、莱芜属于相对发达区域，德州、聊城、滨州则属于欠发达区域。四是产业综合型。济南都市圈第一产业比较发达，属于山东省主要的农副产品生产区域。第二产业种类比较齐全，而且有些产业有着相对优势，第三产业正在稳步发展，且具有较大发展潜能。五是承接传递型。济南都市圈内部空间结构层次分明，处于山东省中部地区，可以很好传递与承接山东半岛城市群和西部隆起带两个经济区的交流和分工合作，具有重要意义。

济南都市圈虽然属于新兴发展起来的城市组团区，但其发展地位不容忽视，对山东省域经济的发展十分重要。济南都市圈属于区域政府政策推动型的都市圈，因此选取同样的政策推动型都市圈，且发展已经比较成熟，具有较大借鉴价值的首都都市圈与济南都市圈进行比较分析，以便更全面地了解济南都市圈。

4.3.2　“城市质量”的主成分分析

为了尽可能地简化分析过程，本文利用主成分分析法对城市质量评价指标体系进行处理分析。根据《山东统计年鉴》中查询的济南都市圈相关指标数据，利用统计分析软件 SPSS 对所选择的原始数据进行处理，具体如下：

1. 变量检验

运用 SPSS 软件对数据进行因子分析之前，首先应对自变量进行适合性检验、巴特利特球形检验（见表 4－2）。

表 4－2　**KMO 和 Bartlett 的检验**

取样足够度的 Kaiser－Meyer－Olkin 度量		0.71
Bartlett 的球形度检验	近似卡方	33.553
	df	6
	Sig.	0.000

利用 SPSS，得到 KMO 检验与 Bartlett 检验结果（见表 4－2）。KMO 值为 0.71，Bartlett 的球形度检验近似卡方统计值为 33.553，自由度 6 下的显著性水平为 0.000，达到显著性水平，这说明能够运用因子分析法对这些自变量进行分析。

2. 各评价子指标的主成分分析

由于原始数据中不同的指标具有不同的单位和波动。因此，为消除指标间不同量纲和标志水平的影响，将不可直接加总的原始指标值转化为可以相加的标准化指标值。本文采用最小—最大标准化对数据进行标准化变换，标准化公式为：

$$X_{标准化} = (X_i - X_{min})/(X_{max} - X_{min}) \quad (4-4)$$

进行标准化之后，按照4.2.3步骤，把消除量纲的数据用SPSS统计软件进行主成分分析，计算得出济南都市圈四个子指标的得分（见表4-3），通过SPSS分析软件的因子分析功能对标准化数据进行处理，从相关系数矩阵可知选取的指标之间存在着极其显著的关系，可见许多变量之间具有较强的直接的相关性，说明他们在信息上有多重叠和趋同，因此有必要剔除其中重叠因素，从中选取主成分进行分析。

表4-3　济南都市圈“城市质量”各子指标得分

城市	f1	f2	f3	f4
济南	0.988	0.967	1.000	1.000
淄博	0.603	0.556	0.308	0.363
泰安	0.402	0.397	0.198	0.341
滨州	0.337	0.244	0.138	0.255
聊城	0.264	0.247	0.089	0.343
德州	0.303	0.193	0.098	0.299
莱芜	0.037	0.103	0.039	0.015

3. 城市质量的主成分分析

通过SPSS的因子分析功能对4个指标的数据进行处理，得到特征值及方差贡献率矩阵（见表4-4）。

表4-4　　方差贡献率矩阵

成分	初始特征值			提取载荷平方和		
	总计	方差百分比	累积（%）	总计	方差百分比	累积（%）
1	3.86	96.498	96.498	3.86	96.498	96.498
2	0.077	1.925	98.423			
3	0.053	1.327	99.75			
4	0.01	0.25	100			

由基本指标变量产生的第一个主成分的方差贡献率是96.498%，根据累计贡献率大于85%的原则，通过前两个主成分提取变量指标来计算各城市的“城市质量”。从统计分析得到的因子载荷矩阵如表4-5所示。

表4-5　　因子载荷矩阵

变量	成分
	1
F1	0.984
F2	0.988
F3	0.982
F4	0.976

由因子载荷矩阵可以看出，前两个主成分基本全面反映了这22项子指标的信息，由此综合看来，在济南都市圈城市质量的指标综合计算中，提取前两个主成分就可以比较全面地表明全部经济指标的信息，用新变量来代替原来的变量，这样就剔除了指标信息的重叠和复合，更能体现城市质量综合指标的信息。

根据SPSS软件分析，可以得到前两个主成分函数的系数矩阵（见表4-6）。

表 4－6　　主成分函数系数矩阵

变量	成分
	f1
F1	0.255
F2	0.256
F3	0.254
F4	0.253

所以，主成分函数的表达式为系数乘以相应的子指标得分：

$$f = 0.255zF1 + 0.256zF2 + 0.254zF3 + 0.253zF4 \tag{4-5}$$

“城市质量”的综合评价函数为：

$$F = 0.99232 \times f \tag{4-6}$$

由此，可以计算出济南各个城市的城市质量及其排序（见表 4－7）。

表 4－7　　济南都市圈城市质量及排序

项目	济南	淄博	泰安	滨州	聊城	德州	莱芜
城市质量	0.9888	0.4578	0.3347	0.2435	0.2357	0.2232	0.0485
排序	1	2	3	4	5	6	7

4.3.3　经济距离的测算

如前所述，引入最短交通时间和最低交通成本来反映都市圈内部城市之间的经济距离。山东省内交通基础设施已经比较完善，高速公路网络和铁路网络已经贯穿全省，而且部分城市已经互通动车，都市圈内部交通条件较为便利。选取济南都市圈各城市之间铁路、动车和高速公路的最短交通时间和相应的交通成本为基础，并利用前文所述的权重进行加权，利用公式（4－2）计算两城市之间的经济距离，结果如表 4－8 所示。

表 4-8　　济南都市圈各城市间的经济距离

城市	济南	淄博	泰安	滨州	聊城	德州	莱芜
济南	—	0.080	0.047	0.364	0.157	0.109	0.109
淄博		—	0.309	0.167	0.586	0.613	0.083
泰安			—	1.000	0.263	0.193	0.045
滨州				—	0.767	0.394	0.731
聊城					—	0.422	0.226
德州						—	0.739
莱芜							—

注：交通成本和时间相关数据来源于铁道部官网、车次网、长途汽车站时刻表以及调研数据。

4.3.4　济南都市圈各城市的经济联系量测算

为了使“城市质量”这一指标更具有经济意义，更能清晰全面地反映城市经济发展的全貌，同时为了防止济南都市圈各城市的“城市质量”产生不必要的误差，将表 4-7 的数值进行修正（见表 4-9）。

表 4-9　　济南都市圈各城市的城市质量修正值

项目	济南	淄博	泰安	莱芜	德州	聊城	滨州
城市质量	6.02	3.92	2.69	0.74	2.68	2.58	2.17

注：为防止误差，将数据全部转化为正值，$Q = Q_{初始} + 3$。

利用表 4-7、表 4-8 的数据，根据式（4-3）计算出济南都市圈内的经济引力矩阵（见表 4-10）。

表 4-10　　济南都市圈各城市间的经济引力矩阵

城市	济南	淄博	泰安	滨州	聊城	德州	莱芜
济南	—	70.230	147.367	1.821	9.409	18.535	4.060
淄博		—	1.608	4.003	0.314	0.272	3.214

续表

城市	济南	淄博	泰安	滨州	聊城	德州	莱芜
泰安			—	0.082	1.137	2.001	8.064
滨州				—	0.097	0.350	0.022
聊城					—	0.295	0.223
德州						—	0.020
莱芜							—

为方便观察都市圈内部各城市之间的经济联系密切度，将引力矩阵导入 Ucinet 6.199 软件后，利用 Ucinet 加载的 Net Draw 绘图工具生成济南都市圈网络的可视化结构（见图 4－1）。

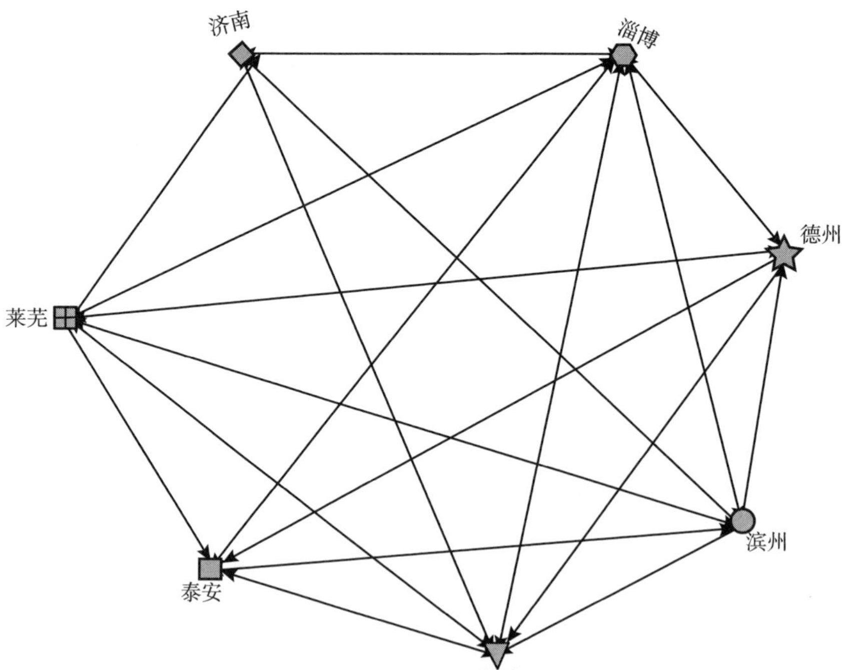

图 4－1　济南都市圈网络的可视化结构

4.3.5 与首都都市圈一体化水平比较分析

首都都市圈是我国较为发达和成熟的都市圈，其覆盖范围广，且政府在都市圈的发展方面做出了较大努力，具有全国先进制度创新机制，对一体化发展起到了较大作用，对济南都市圈有着良好的示范作用和借鉴意义，为了更加清晰的了解济南都市圈一体化水平，将其经济联系强度与首都都市圈作比较，以便分析其问题和不足。

1. 城市质量

根据城市统计年鉴中查询的首都都市圈各指标原始数据，用同样方法即主成分分析法计算出首都都市圈各城市的城市质量及其排序（见表4-11）。

表4-11 首都都市圈各城市的城市质量及其排序

项目	北京	天津	石家庄	承德	张家口	秦皇岛	唐山	廊坊	保定	沧州	衡水	邢台	邯郸
城市质量	6.47	1.96	0.28	-0.96	-0.94	-0.76	-0.45	-0.99	-0.92	-0.73	-1.23	-1.08	-0.64
排名	1	2	3	10	9	7	4	11	8	6	13	12	5

为防止误差，并保持与济南都市圈修正值的统一，对表4-11数据进行修正之后得到表4-12，其中数值越大，反映城市经济的发展水平越高，城市经济势能越高。

表4-12 首都都市圈各城市的城市质量修正值

项目	北京	天津	石家庄	承德	张家口	秦皇岛	唐山	廊坊	保定	沧州	衡水	邢台	邯郸
城市质量	9.47	4.96	3.28	2.04	2.06	2.24	2.55	2.01	2.08	2.27	1.77	1.92	2.36

注：为防止误差，将数据全部转化为正值，并与济南都市圈城市质量相统一，$Q = Q_{初始} + 3$。

从济南都市圈城市质量计算结果（见表4－9）可知，济南、淄博、泰安数值较大，排名靠前，而滨州、聊城、莱芜数值较小，排名落后，排名前三位的城市质量总和为12.63，远大于排名后三位的城市质量总和5.49。可见，都市圈内7个城市的发展水平参差不齐，发展层次不同，各城市竞争力存在较大差距，有显著差异，区域发展不平衡的现象比较明显，济南和淄博是发达区域，泰安、德州、聊城属于相对发达区域，莱芜、滨州则属于欠发达区域。都市圈中的要素基本流向了济南这个中心城市，其城市发展水平明显高于都市圈内周边城市，周边城市集聚的要素资源太少，城市功能发展不足。

从首都都市圈城市质量计算结果（见表4－12）可知，北京、天津、石家庄和唐山排名靠前，而邢台、廊坊、承德和衡水排名落后，排名前三位的城市质量高于其他城市，但是总体各城市质量比较平均，均值为3。可见，都市圈内除北京、天津外的11个城市的发展状况均等，区域经济发展呈比较平衡的状态。都市圈中的要素资源分配有一半基本流向了北京、天津这两个核心城市，二者的城市发展水平明显高于都市圈内其他城市，周边城市虽然和中心城市有所差距，但其余要素资源在剩余城市均匀分配，总体来说首都都市圈的发展比较均衡。

对比济南都市圈和首都都市圈内部各城市的经济质量，能够看出，济南都市圈内各城市发展状况不均衡，经济实力差距大，区域经济发展不平衡的现象比较明显，而首都都市圈内除北京天津外的其余城市发展状况比较均衡；济南的城市质量为6.02，圈域内要素资源基本流向济南这一核心城市，因此作为中心城市，济南对其他城市的带动作用不足，而北京、天津的城市质量虽然明显高于圈内其他城市，但是都市圈发展比较均衡，要素资源能够更合理的流动和配置，对其他城市的发展辐射带动作用较强。

2. 经济联系强度

根据首都都市圈城市之间的交通距离和交通成本，根据公式（4－2）计算出首都都市圈个城市间的经济距离（见表4－13），经济距离数值越小，证明这两个城市之间的交通时间和交通成本比较小，证明两个城市间的交通网络已经比较完善，交通条件便利，经济联系有较强的交通网络支撑。

表4－13 首都都市圈各城市间的经济距离

城市	北京	天津	石家庄	承德	张家口	秦皇岛	唐山	廊坊	保定	沧州	衡水	邢台	邯郸
北京	—	0.09	1.00	1.74	1.17	1.73	0.17	0.07	0.13	0.86	1.66	2.18	2.85
天津		—	2.39	4.31	3.73	1.33	0.12	0.09	0.18	0.16	1.46	3.73	4.29
石家庄			—	8.70	5.38	7.82	3.80	1.90	0.16	1.86	0.37	0.22	0.46
承德				—	5.94	11.06	0.55	3.00	1.79	5.89	10.19	13.16	16.73
张家口					—	7.59	5.47	2.17	2.95	6.30	7.97	10.01	11.14
秦皇岛						—	0.31	2.48	1.56	2.83	4.05	8.33	7.68
唐山							—	1.06	0.62	1.16	3.01	0.29	5.78
廊坊								—	1.18	0.54	2.08	3.71	4.16
保定									—	1.81	1.22	1.18	1.68
沧州										—	0.49	3.03	3.60
衡水											—	0.77	1.16
邢台												—	0.07
邯郸													—

注：数据来源于铁道部官网、车次网、长途汽车站时刻表以及调研数据。

利用表4－12、表4－13的数据，根据式（4－3）计算出首都都市圈内的经济引力矩阵（见表4－14），并与济南都市圈的经济引力矩阵（见表4－10）进行比较，其中经济引力数值越大，表明这两个城市之间的空间经济联系强度越大，经济联系越紧密，一体化水平越高。

表4－14 首都都市圈各城市间的经济引力矩阵

城市	北京	天津	石家庄	承德	张家口	秦皇岛	唐山	廊坊	保定	沧州	衡水	邢台	邯郸
北京	—	5549	31.25	6.42	14.15	7.09	865	4240	1260	6.41	6.08	3.83	2.75
天津		—	2.43	0.46	0.62	5.36	799	1146	277	369.5	3.52	0.58	0.54
石家庄			—	0.08	0.22	0.12	0.55	1.75	251.9	2.06	39.73	130.4	35.64
承德				—	0.15	0.05	20.8	0.55	1.63	0.16	0.04	0.03	0.02

续表

城市	北京	天津	石家庄	承德	张家口	秦皇岛	唐山	廊坊	保定	沧州	衡水	邢台	邯郸
张家口					—	0.10	0.21	1.07	0.60	0.14	0.07	0.05	0.05
秦皇岛						—	69.8	0.85	2.20	0.73	0.28	0.07	0.10
唐山							—	5.09	15.73	4.83	0.56	66.20	0.20
廊坊								—	3.75	19.75	1.02	0.35	0.34
保定									—	1.83	3.16	3.65	2.22
沧州										—	19.98	0.57	0.49
衡水											—	7.78	4.27
邢台												—	951.7
邯郸													—
总值	11994	8156	496.2	30.43	17.43	86.74	1849	5421	1824	426.5	86.50	1165	998.3
总排序	1	2	8	12	13	10	4	3	5	9	11	6	7

从济南都市圈各城市的经济引力总值（表4－10）来看，济南都市圈空间经济联系强度存在明显的规律，即以济南为中心，向外依次降低。淄博空间经济联系强度值为573.36，排名第2，泰安经济联系强度接近淄博，为494.75，这主要是因为这两个城市距离核心城市济南较近，且有良好的交通通达性。但是淄博和泰安的引力总值远低于第1名济南的1487.15，这主要体现了济南都市圈发展严重不均衡，城市个体发展水平参差不齐，这一点从济南与其他城市的差距也能看出来。由于莱芜与济南的“经济距离”较小，而二者之间的经济联系强度较大，说明莱芜引力总值被交通这一支撑要素拉升。滨州城市质量排名靠后，又因其处于都市圈边缘，且远离济南这个核心城市，与其他城市之间的经济距离较大，交通不是很便利，所以经济引力总值仅排名最后一位。整体看来除济南外，都市圈内其他城市对各种经济要素资源的吸引力非常有限，与圈内其他城市的引力值普遍较小，所以引力总值远远低于济南。

从各城市的经济引力总值（见表4－14）来看，首都都市圈的空间经济引力总值存在着明显规律，即空间经济联系强度值以北京为中心，向外依次降低。天津引力值仅次于北京，是都市圈的另一核心城市。廊坊空间经济联系强度排名第3，且远高于第4名的唐山，这主要是因为廊坊虽然城市质量不是很高，但是其地理位置处于北京、天津之间，与两个核心城市的空间距离较近，并且形成了较为完善的交通体系，因此具有良好的交通通达性与联系性。邢台与邯郸的“经济距离”较小，且二者之间的空间经济联系强度较大，说明邢台和邯郸的引力总值被经济距离这一指标拉升。唐山和保定与北京天津两个中心城市的经济联系比较密切。石家庄虽然是河北省的省会城市，因其处于都市圈边缘，远离北京、天津两个核心城市，交通不是很便利，所以空间经济联系强度仅排名第8位。秦皇岛、承德和张家口因城市本身综合实力不强，城市质量较小，城市的吸引力和集聚力非常有限，与圈内其他城市的空间经济联系普遍较小，所以引力总值排名靠后。

综合比较济南都市圈和首都都市圈的空间经济联系强度值，可以看出首都都市圈的值明显高于济南都市圈，说明首都都市圈内部城市之间的空间经济联系强度明显大于济南都市圈，而空间经济联系强度是都市圈一体化经济活动的实质，代表都市圈的一体化水平高低，因此，可以看出济南都市圈的一体化水平明显低于首都都市圈，究其原因，经济联系强度受城市质量和经济距离的影响，一方面，城市质量是都市圈一体化发展的经济基础，依赖于都市圈的协调机制，比较都市圈城市质量和经济引力值的排名，会发现二者具有一致性，只有城市质量高了，经济实力强了，才能为都市圈的一体化推进奠定坚实的经济支撑；另一方面，经济距离体现都市圈经济的影响因素和支撑体系水平，城市质量和空间经济联系强度不一致的几个城市，主要是因为其和圈内某城市的经济距离较小，从而提高了经济引力值，或者是由于城市之间交通的不便利，拉低了其空间经济联系强度，因此，经济距离对经济引力有拉动作用，有利于都市圈整合圈域内部资源要素，进而支撑整个都市圈的有效运作。

3. 都市圈网络的可视化结构

从济南都市圈与首都都市圈网络可视化结构图（见图4－1、图4－2）来看，首都都市圈的空间网络结构明显比济南都市圈复杂，这其中有城市数量多少的差距原因，但从经济联系线条来看首都都市圈的经济联系强度和密度更大，中心城市的辐射带动作用和能力更强。

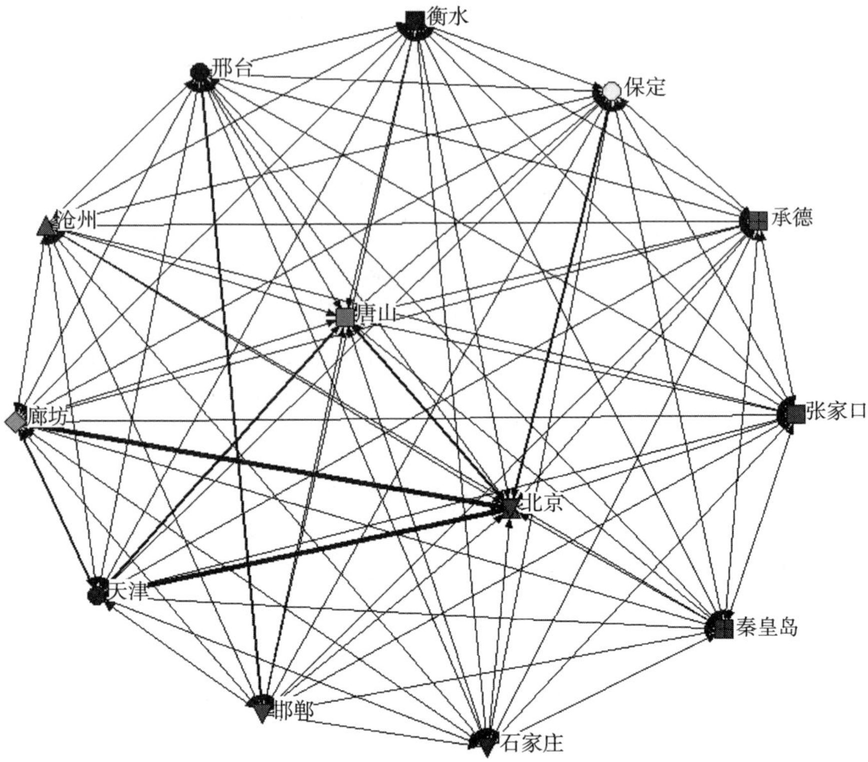

图 4 – 2　首都都市圈网络的可视化结构

一方面从中心城市的辐射带动能力来看，可以发现作为中心城市，济南的辐射带动作用与北京有较大差距，区域经济平衡发展是都市圈实现一体化的前提条件；另一方面从整体网络图来看，济南都市圈的空间网络结构落后于首都都市圈，还未形成整体统一的市场，联动功能落后，因此，在一体化进程中，要加强济南这一中心城市的核心带动作用，增强圈内各城市经济发展的质量，打造良好的经济基础，注重基础设施的建设，构建坚实完善的支撑体系，同时还要注重政府管理体制的改革，制订区域完善统一的发展规划，为都市圈的发展营造完善的政策环境和氛围，建立统一的大市场，整合区域内要素资源，完善都市圈空间网络结构，实现都市圈整合发展。

4.4　济南都市圈一体化发展的问题分析

济南市是山东省省会，也是济南都市圈的中心城市，其经济发展水平比较高，产业结构和布局相对合理，基础设施网络健全，政府为推进都市圈的一体化也做出了相应的努力，因此其凭借较高的经济势能，对周边城市的发展有一定的带动作用，已经具备了整合都市圈推进一体化的最基本条件。但通过分析济南都市圈城市间经济引力即空间经济联系强度，以及与首都都市圈的比较，可以看出济南都市圈内部城市经济实力有所差距，发展水平差异程度较大，城市间的经济联系也有所差距，不利于都市圈整体经济水平的提高和经济势能的提升，是阻碍一体化的主要问题。

综合分析济南都市圈，可以看出导致其经济联系强度分布存在较大差异，有两方面问题："城市质量"偏低和经济距离偏大，因此，总结经济一体化水平不高的原因包括三方面：

第一，从经济主体维度来说：中心城市方面，中心城市只有具备强大经济实力，形成强大的经济势能，才能将各种经济要素不断辐射到周边城市，从而带动周边其他城市的发展。济南作为济南都市圈的中心城市，一方面，尽管是山东省的省会，地理区位也有较大优势，但其经济实力与世界大都市圈的中心城市相比，还有非常大的差距，因此其辐射带动能力弱；另一方面，济南在都市圈中的垄断地位不突出，处于比较弱的发展阶段，经济要素和资源在区域内不能很好地自由流动，更无法实现最优的资源配置，没有发挥出中心城市该有的集聚和扩散功能，也没有发挥出在整合都市圈经济中的主导力量，反而使得都市圈的整体经济发展速度和效率因此而受到限制；周边城市方面，都市圈需要形成整体的联动才能实现一体化，因此需要周边城市能够不断增强城市功能，做好资源要素的承接和分配，自己也要具备与都市圈发展能力相匹配的竞争力，这样才能与中心城市共同推进一体化。济南都市圈中，淄博、泰安的经济实力比较强大，与济南的空间距离较近，交通、通信等基础设施网络也比较完备，已经能够与济南比较便利的交流合作，密切相互之间的经济联系，聊城、德州、莱芜、滨州这几个中小城市，经济实力同圈内其他市相比实力偏弱，县域产业经济和城镇发展体系普遍不发达，因此在一定程度上制约了他们与中心城市的空间经济联系。总体比较看来仅仅济南—泰安和济南—淄博这两条线之间的经济联系强度，就已经占了济南都市圈经济联系强度总值的52.365%，说明淄博和泰安更多的承接了来自中心城市济南的辐射，相比起来其他城市的经济联系强度值普遍偏小，这就使得聊城、德州、莱芜、滨州等城市接收到的辐射量较少，经济承接能力不足。

第二，从支撑体系维度来说：基础设施是都市圈一体化进程中不可缺少的支撑要素，济南都市圈在铁路和高速公路的交通网络建设方面做了突出的工作，可以说已经形成了基本的交通网，但是东西部交通网络分配不均，导致经济要素和资源的流动缓慢，并且增加了资源流动成本。中国有“中国高速看山东”的说法，这体现了山东省的高速公路建设已经比较完善，但是从济南都市圈的高速公路网密度来看，却可以看出明显的地区差距：淄博、泰安、莱芜由于紧密围绕在中心城市济南的周边，时间距离较短，高速网络密度较大，因此其城市交流合作比较频繁，经济联系也就较多；位于都市圈西部和北部的德州、聊城和滨州高速交通网络密度较小，支撑作用较弱，导致济南都市圈城市之间的经济联系东西部差异较大，塑造了济南都市圈独特的空间经济联系格局形态；经济基础是一体化发展的坚实基础，由于济南都市圈各城市个体之间具有相同的经济、社会、文化基础，所以会造成产业结构的同构现象，同时由于行政区划的存在，各城市之间产业的良性链接较少，在一定程度上影响了经济联系强度的地区差异，未能形成健全的都市圈市场体系和产业融合，产业结构同构的趋势十分明显，圈域内产业结构对接不合理；制度环境是都市圈一体化的政策支撑，当前市场经济体制下，都市圈内各城市之间行政区划的障碍还未突破，现行行政管理体制造成了中国式的独特行政壁垒，地方保护主义盛行，虽然各地市间交流日益加深、合作日趋密切，但是制度障碍仍然存在，缺少必要的区域组织和统一的政策规划，在制度上缺乏一系列可以遵循、相互约束的准则。同时，相关政策的执行力不强，由于缺乏相应的监督措施和机制，现有政策的实施效果并不理想，特别是重大项目和保障推进措施都没有得到很好的落实。

第三，从协调机制维度来说，一方面，政府过度干预制约了市场自发协调机制的作用，虽然我国市场化机制逐步建立和完善，但各地政府还掌握着对区域经济要素和资源的绝对支配权力，区域内部要素资源不能自由流动，很大程度上约束了市场协调机制对经济的基础性作用，不能形成健全的竞争合作协调机制。济南都市圈也存在这样的问题，政府对资源要素有着绝对的支配力，制约了要素的流动和经济联系的加强；另一方面地方经济发展水平是衡量地方政府政绩的唯一指标，在这种考核趋向下，地方政府往往会从利己原则出发，只考虑本地区的经济利益，这会导致城市间的恶性竞争、资源浪费和成本增加，济南都市圈虽然已经发育出雏形，但是缺乏整体的竞争合作机制，城市之间的分工合作不明确，城市功能定位上也缺乏眼光，在都市圈的整体发展战略上缺乏统一的规划机制，城市之间不能自由交流合作，经济要素和资源的流动也缺乏有关机制的引导，城市之间缺乏相关的对话机制，对促进都市圈一体化的手段和方式的探寻不够深入。目前济南都市圈的一体化发展，主要是依靠政府的干预推进，缺乏整体发展的眼光和政策规划，市场协调机制不能发挥应有的基础性作用，制约了城市之间集聚和扩散功能的发挥，缺乏有效的区域统一大市场，资源要素流动受限制，不能得到合理的配置，因此济南都市圈距离实现产业一体化和市场一体化还有一段很长的路要走。

第5章　流空间视角下都市圈城乡一体化发展的旅游路径

习近平同志在党的十九大报告中指出，“以城市群为主体构建大中小城市和小城镇协调发展的城镇格局”。这为新时代我国推进新型城镇化指明了方向和路径。城市群、都市圈作为新型城镇化的主体空间形态，都市圈一体化的发展要在这个战略背景下承担新的使命。

5.1　新型城镇化提出城乡融合发展的新要求

5.1.1　乡村振兴战略提出

中国特色社会主义进入新时代，我国社会主要矛盾已经转化为人民日益增长的美好生活需要和不平衡不充分的发展之间的矛盾。工业化和城镇化带动了经济增长，但也引发了不平衡、不充分的问题，在这种发展不平衡不充分中，最为突出的表现就是城乡二元结构明显，产生了农村空心化、农业边缘化和农民老龄化的“三农”问题，乡村发展滞后性明显。

党的十九大明确提出了乡村振兴战略，要求按照“产业兴旺、生态宜居、乡风文明、治理有效、生活富裕”的总要求，建立健全城乡融合发展体制机制和政策体系，加快推进农业农村现代化。在推进全面建成小康社会进程中，把城乡融合发展放到整个现代化建设的大格局中，重塑中国乡村与城市的发展方向。

5.1.2　新型城镇化高质量发展要求

我国已进入工业化中后期，新型城镇化已成为引领经济持续健康发展的强大动力，新时代中国城镇化发展面临着提质增效的新要求，为了实现这一战略转型，国家发展改革委印发了《2020 年新型城镇化建设和城乡融合发展重点任务》明确指出，以促进人的城镇化为核心、提高质量为导向的新型城镇化战略，提高农业转移人口市民化质量，增强中心城市和城市群综合承载、资源优化配置能力，推进以县城为重要载体的新型城镇化建设，促进大中小城市和小城镇协调发展，提升城市治理水平，推进城乡融合发展。

5.1.3　融合发展的双轮驱动

1. 城乡融合发展需要两端发力

城乡两端发力、互为动力、互为市场，互促发展，共同推进供给侧结构性改革，提供城乡空间与经济发展的多种新动能，催生城乡两端市场流通繁荣，弥补城乡发展的社会与生态短板。城乡一体化提出的核心要义是破解“三农”问题，实现农业现代化，实现城乡公共服务均等化。就农业现代化而言，其前提是土地的适度规模经营，这将涉及农村剩余劳动力的转移问题，只有通过新型城镇化，吸纳农村居民转为市民，才能为土地规模化经营奠定基础。同时，实现农民向市民的转变，不仅是身份的转变，还涉及就业保障，需要农业农村优先发展，乡村振兴的支持。

2. 城乡融合发展需要双轮驱动

乡村振兴和新型城镇化发展战略重点略有不同，但是辩证统一的，内涵一致，统一在城镇化高质量发展的时代要求下。十八大提出的新型城镇化，是以人为核心的城镇化，注重保护农民利益，强调城镇化过程不是简单的城市人口比例增加和城市规模扩张，而是在产业支撑、人居环境、社会保障、生活方式等方面实现由“乡”到“城”的转变，实现城乡统筹和可持续发展，最终实现“人的无差别发展”。新型城镇化须与农业现代化协调推进，通过城镇化促进“三农”问题的解决。十九大提出的乡村振兴，是要解决农村和农业的不充分发展和城乡间不均衡的发展问题，突出农业农村优先发展，既要转变农业农村生产方式，实现农业多元化和农村多功能性，也要在公共服务上普及高水平的服务，缩小城乡差距。

乡村振兴与新型城镇化形成一种相互促进、互相推动的新型关系，助推新时代农村与城市的融合发展。城市融合发展需要以协调推进乡村振兴战略和新型城镇化战略为抓手，以缩小城乡发展差距和居民生活水平差距为目标，以完善产权制度和要素市场化配置为重点，坚决破除体制机制弊端，促进城乡要素自由流动、平等交换和公共资源合理配置，加快形成工农互促、城乡互补、全面融合、共同繁荣的新型工农城乡关系，加快推进农业农村现代化。

5.1.4 新型城镇化促进城乡融合发展的实践路径

新型城镇化将创造巨大的需求、提高劳动生产率，已经成为统筹城乡发展、实现城乡一体化的重要手段。新型城镇化旨在依托城镇化，实现城乡统筹、产城融合、智慧支撑。重点关注主体功能区规划，科学布局城镇，促进城乡之间人口分布、经济布局与资源环境相协调。大、中、小城市与小城镇合理分工、功能互补、协同发展，促进区域实现可持续发展。

新型城镇化志在破除城乡二元管理体系，统筹城乡发展，逐步实现城镇财政支出和公共产品供给对所有居民无差别、全覆盖。简言之，新型城镇化的目标是打破城乡之间的壁垒，各种要素在城乡之间自由流动，缩小城乡差距，实现城乡一体化。结合新时代人们对美好生活的向往和不断升级的消费需求，坚持“五位一体”的发展理念引领新型城镇化高质量发展；要凸显“以人为本”的发展理念，坚持城乡统筹、城乡一体、产城互动的发展要求，引导城乡两端发力，主张用全域旅游的手段助推基础设施与公共服务向农村延伸，优化生态环境，完善城乡功能，实现城乡融合发展，建设环境宜居、绿色美丽的城镇，提高人民群众的幸福感和获得感。将创造巨大的需求、提高劳动生产率，也成为统筹城乡发展、实现城乡一体化的重要手段。

城乡融合发展的路径很多，李兵弟（2017）曾经提出八条路径：一是创新区域发展与资本引入的机制；二是坚持稳就业的就近城镇化方向；三是着力有效培育特色小镇创新发展；四是增强文化自信提高城乡设计水平；五是大力发展乡村旅游促进全域旅游；六是持续惠民生的农村人居环境治理；七是以县域为单元全面落实精准扶贫；八是以集成适用技术推动城乡绿色发展。其中，全域旅游引领下的乡村旅游发展是促进城乡融合发展的重要路径。

5.2　流空间视角下全域旅游促进城乡融合发展机制

全域旅游是一条很好地连接城乡的经济社会复合型通道，它把城乡居民的供给和需求有效对接了起来，进而以城市需求为突破口扩大乡村市场，最终建立起互通有无的城乡市场。在这一过程中城市的资本、科技、人才等要素下乡，优化乡村产业结构、开发乡村自然人文资源、挖掘地方特色，推动农村改革深入，激活乡村发展新动能，促进乡村的全面振兴，实现城乡融合发展。

5.2.1　全域旅游与新型城镇化

1. 全域旅游概念

全域旅游是在一定区域内，以旅游业为优势产业，将一个区域整体作为功能完整的旅游目的地来规划、建设和运营，实现区域经济社会资源的有机整合、产业融合、社会共建共享，促进经济社会协调发展的一种新的区域发展理念和模式。在乡村振兴背景下，全域旅游是促进乡村旅游提质增效的重要手段。

2. 全域旅游的特征

全域旅游蕴含了全新的发展观、资源观和产业观，整合全域内的自然人文、经济社会、生态环境各种资源与产品创造出融合业态，营造了安全有序、生态优美、设施完善、居民好客、赏心悦目的旅游环境，不仅充分满足本地居民的利益，同时也为外来游客提供优质的服务，构建了“宜居、宜业、宜游”主客共享的发展空间，是实现高质量发展的重要手段。

第一，全新的发展观。全域旅游是全面落实“创新、协调、绿色、开放、共享”五大发展理念的战略载体。践行着绿水青山就是金山银山的“两山理论”和以人为本的关怀理念，旨在规避传统粗放的增长方式，坚持以绿色发展带动地区可持续发展。

第二，全新的资源观。全域旅游区别于传统景区、景点旅游的明显特征就是其以“一切资源都可以成为旅游资源”的泛旅游资源观来挖掘地方自然、人文资源，以旅游为抓手促进产业融合发展。

第三，全新的产业观。旅游业是个综合性产业，更是一个动力产业，“旅游 +”“ + 旅游”释放出神奇的融合效应，构建开放融合的旅游休闲产业体系，让传统产业焕发新活力，是新旧动能转换的催化剂。

3. 全域旅游与新型城镇化的契合点

全域旅游与新型城镇化在产业协调、资源集约、生态宜居、城乡统筹、和谐共生等方面有很多契合之处。

第一，二者发展的落脚点一致。全域旅游强调“全民参与”，增强社区居民的获得感，注重游客在旅游目的地的深度体验，强调居民与游客的融合，共享基础设施和公共服务的配套，最终达到“宜居宜游宜业”的目的。新型城镇化也不是一味地扩张城镇人口，而是注重人的生活质量和生活水平的提升，注重基础设施和公共服务配套的均等化发展，因此全域旅游与新型城镇化建设的最终落脚点都是以人民为中心，提高“人”的满意度，都强调基础设施和公共服务的配套建设，使全民共同参与，全民共享利益。

第二，二者在发展理念上趋同。新型城镇化坚持“集约、智能、绿色、低碳”的发展理念，改变过去粗放型的用地、用能，注重环境的保护。而全域旅游本着“绿水青山也是金山银山”的发展理念，提出注重生态资源的全域优化和生态环境的全域改善，开展旅游环境的综合整治，这与新型城镇化的环保低碳的发展理念是一致的。

第三，二者发展的着眼点相同。全域旅游打开围墙建设无边界的旅游区，而不再是城市孤立的核心景区景点，强调在远离城市的县域、郊区、乡村整体的区域发展，引导相关要素向乡村流动，通过城乡联动重点推动乡村和小城镇发展。而新型城镇化的任务与要求之一就是注重农村地区的发展，解决“三农问题”和城乡差距大等问题，因此，二者发展的着眼点相同。

第四，二者的发展动力相同。全域旅游以旅游产业为主导产业，其他各生产要素在空间上聚集，发挥“旅游＋”的功能，形成产业的优化提升和融合协调发展。而新型城镇化强调产城互动，使产业发展结合当地的资源特色，吸引其他优势产业，利用本地的资源特色实现产业聚集，最终实现产业的就地转型升级。因此，二者都强调产业聚集的重要性，产业聚集是两者发展的动力支撑，通过产业聚集，推动一定区域内经济的融合与发展。

4. 全域旅游是新型城镇化和新农村建设的新抓手

目前中国的城乡分割、城乡差距大等二元结构问题是城乡统筹的难题，推动新型城镇化建设和新农村建设是城乡统筹的着力点。而旅游业拥有强大的整合和聚集作用，能够为农村带来资金流、人流和物流，在时代发展的必然要求下，全域旅游的发展将为城乡统筹规划提供有力保障。旅游业涉及“吃、住、行、游、购、娱”，旅游业在吸纳就业、调整产业结构和带动区域经济发展方面作用显著，而中国目前的旅游业还处于以观光为主的大众旅游，一般旅游活动集中在一些旅游发展较成熟城市的传统景区，在城市的郊区或者乡村旅游活动较少。随着大众休闲时代的到来，旅游者对于分布在乡村的原生态的旅游需求越来越高。

全域旅游是城乡互通的连通器，是实现美丽乡村建设，打造幸福家园的催化剂，使得在旅游资源富集、文化底蕴丰厚、民族民俗风情浓郁的大城市周边地区、乡村甚至偏远贫穷的地区，具有了发展优势，成为精准扶贫、乡村振兴的重要手段。通过发展全域旅游，整合当地的资源、文化和产业，促进本地区资源和特色产业的开发，改善当地的人居环境，提升乡村的基础设施和公共服务。打造具有不同休闲度假功能的旅游目的地，形成"全域旅游型消费经济"，促进当地居民在全域旅游中充分就业创业，克服城乡统筹发展过程中的难题，为城乡联动统筹发展提供有力支撑。

5.2.2 乡村全域旅游促进城乡融合发展的动力机制

新时代的乡村旅游就是乡村全域旅游，以全域旅游为理念，通过"旅游+""+旅游"能够为乡村发展集聚政策、资金、人才、管理、技术等资源，带动传统农业结构优化、促进三产融合提高农业附加值，同时增加了城乡文明的交流碰撞，通过集聚、融合、根植三大机制，能有效推动城乡融合发展。

1. 乡村旅游的聚集效应

（1）物质层面的集聚与环境打造。乡村旅游受到国家支持，既能有效集聚政策、资金资源获得自身发展，也能吸引投资，壮大乡村产业设施的建设力量。乡村全域旅游能较快推动乡村物理空间的重塑，为乡村振兴提供宜居宜业的环境基础。首先，旅游交通、综合服务设施、智慧化旅游的建设以景观化的标准改造提升乡村空间布局，直接促进了农村人居环境的整体提升，提高了硬件配置；其次，乡村全域旅游注重农村生产、生活、生态环境的全域打造，坚持"绿水青山就是金山银山"的理念，依托专业规划设计力量，尊重人与自然的关系，充分利用当地生态环境优势科学开发，能够守住乡村振兴的绿水青山；最后，乡村全域旅游发展与美丽乡村建设能有机衔接，既争取到了部分产业发展资金又能提高乡村建设的专业水平，是乡村发展的一举两得之措。

（2）经济层面的集聚与要素流入。大众休闲时代，越来越多的城市居民节假日倾向去乡村地区寻找亲近自然与放松身心的新空间。这种对乡村旅游需求的增加让城市居民主动进入乡村消费，为乡村发展带来了新的发展机遇，而乡村全域旅游正是适应升级的消费需求，通过提供高质量的乡村旅游产品和服务，持续吸引消费者，为乡村经济的发展开拓了市场。同时，乡村全域旅游在发展过程中，吸引城市资本、人才、科技、管理、知识等要素下乡，为乡村发展集聚了先进的资源，构建起“企业家、村集体、合作者、农户”等多元主体联结的利益机制，提高了乡村经济环境的活跃程度，推动了社会各界人才在乡村的投资建设，为乡村发展营造了良好的经济环境。

2. 乡村旅游的融合效应

（1）产业融合。旅游业极容易与生产、制造和其他服务业建立起横向或纵向联系，具有很强的经济综合性和产业融合性。因此，传统旅游六要素“吃、住、行、游、购、娱”和“商、养、学、闲、情、奇”等新兴旅游要素在乡村旅游发展的过程中自然地与农业生产与体验、休闲观光、产品加工、户外运动、养老养生、亲子教育等众多行业产业结合起来，实现“旅游 +”。“旅游 +”的优势既体现在产业链条的延伸和产业效益的提升，更重要的是在产业融合和新需求的推动下还会催生出新的业态，培育经济发展的新动能。因此，涵盖了休闲农业、工业体验、健康养生、文化技艺、商务会展、科技教育、游学调研、体育运动、户外探险等众多旅游项目的乡村全域旅游，能有效推动乡村旅游与各类特色产业的融合发展。同时，乡村全域旅游主张以优质、高效、个性化的旅游服务深化旅游体验、满足游客不同层次的需求，而资本逐利的特性会自然引导三次产业有机融合和资源向新需求聚集，开发乡村经济新动能并逐渐淘汰落后产能，优化乡村产业结构，摆脱农业经济下传统但低效的生产方式，实现产业多元化发展和经济效率的整体提升。

（2）社会融合。乡村全域旅游的一个突出贡献就是其加深了城乡居民交流，推动了城市文明和农耕文明的碰撞交融，有助于城乡居民素质的共同提升和城乡和谐发展。从消费层面来看，城市消费者把现代经营理念、价值观念带入农村的同时，也因乡村社会的宁静和传统文化的感染而返璞归真。从经营层面来看，不同经营主体在旅游及其关联产业中通过利益联结，相互竞争合作，形成了一定乡村地域内的利益共同体，在各类社会网络关系作用下共同劳作、生活，并且在一系列的生产经营活动中不断加深着彼此间的联系。因此，乡村全域旅游的发展促进了地区的社会融合，为乡村振兴奠定了良好的社会基础。

3. 乡村旅游的根植效应

文化旅游是乡村全域旅游的重点内容，深厚的文化背景往往能提升旅游的高度与影响力，而独具特色的乡村民俗文化正是乡村旅游重要的卖点。乡村全域旅游强调以市场需求为导向和现代科技、指挥手段的运用，一方面深度挖掘本土文化资源，通过休闲体验、科技展示、文创商品等途径进行活化，既促进了乡村文化产业的发展，也提高了村民的文化意识和文化自豪感，强化了地方文化认同，唤醒了乡村人群的集体意识；另一方面，市场导向的亚文化旅游产品能通过衍生文化建立消费追随、模仿，借助现代通信和新媒体营销等方式，在拓宽文化盈利渠道的同时加深着地方文化认同并推动着地区的集体意识发展。

5.2.3 全域旅游促进城乡融合的发展机理

1. 促进城乡经济建设

发展旅游业对旅游目的地最突出的贡献就是经济的带动效应，旅游业的经济效益主要表现在旅游消费以及产业效益。旅游产业本身能够通过旅游消费收入的增加来促进经济的增长，即旅游所带来的“旅游消费经济”，而且旅游产业还能促进与旅游直接或间接相关产业的发展，在一定区域内形成泛旅游产业集聚，带动城镇产业的发展、转型和升级。

一方面，旅游业是集“吃、住、行、游、购、娱”于一体的综合性较强的产业，在旅游目的地进行旅游活动时，游客的旅游消费不仅体现在游客的传统观光度假景点的直接消费，还体现在交通运输、餐饮住宿、休闲娱乐等间接性消费。在旅游内需消费的拉动下，目的地的消费经济被带动起来，尤其是在旅游资源丰富但是市场发展不足的偏远地区，通过发展全域旅游，在全域范围内进行全域空间打造，增加综合性的娱乐休闲度假产品和旅游服务，从而扩大旅游目的地的消费水平，旅游消费收入的增加，对促进当地区域的消费带动能力尤为显著，能够消除贫困，促进旅游目的地区域城镇的经济发展水平，为其提供经济支撑。

另一方面，全域旅游的发展，以本区域的旅游资源为主导因素，联动周边区域的优势、能够培育的产业，使得各行业融入其中，优化旅游要素，促进旅游与其他产业融合，通过乘数效应，延长产业链促进第三产业的发展，最终形成第六产业，通过产业融合的发展来提高产业发展的整体效益。全域旅游的发展将一些城镇的具有历史民族特色的产业延伸发展，通过与其他相近产业的聚集和融合，促进本地特色资源的就地化开发，而且通过其他形式的产业聚集，在城镇地区形成相应的产业体系，逐步形成产业集群和消费集聚。而且城镇产业的转型和升级也相应地促进农业现代化的转型和升级，推动了在农村地区的机械化发展，大大推动城镇地区产业的集聚、规模化发展。

通过旅游业带动产业集群和消费集聚，促进了城镇地区的经济发展和产业转型升级，促进旅游城镇和新农村社区建设的进程，因此，全域旅游在经济发展和产业转型升级方面发挥着重要作用，大大推动新型城镇化的进程。

2. 促进城乡社会就业

旅游业是劳动密集型产业，所需要的旅游工作者相对于其他产业要多。旅游业不仅能够提供直接就业，还能带动间接就业，一方面为旅行社、餐饮住宿、娱乐休闲、旅游景区管理和维护等直接相关的行业提供大量的就业机会；另一方面在交通、医疗卫生、保险等与旅游相关的间接行业也能提供就业机会，这样就缓解了就业的压力，而全域旅游的发展将会为城镇居民提供更多的就业机会。全域旅游的发展是一种升级的“旅游 +”模式，打破传统景区一枝独秀的格局，将一定区域内的资源要素聚集，引导资源从大城市走向小城镇，全域打造独具特色的吸引物和服务业态，因此为城镇提供了更多的直接或间接就业机会。

一方面，全域旅游战略的实施、景区的全域打造和旅游资源的全域开发，促使游客向郊区、小城镇甚至农村聚集，大量本地剩余劳动力和外来从业人员会被吸引到旅游优势发展区，直接或间接促进住宿餐饮、零售娱乐、交通运输等就业岗位的增加，为城镇居民增加就业机会。同时农村人口储存着大量的劳动力，通过全域旅游的发展使非农人口聚集，调整了就业结构，实现农村劳动力的转移，就地实现人口聚集和人口城镇化的发展；另一方面，在景区开发和景区管理拉动就业的同时，一些农民利用自有住宅和土地发展观光采摘和“农家乐”等特色休闲服务，充分利用当地的生产和生活环境进行特色农产品和特色工艺品等生产销售，为城镇的开发建设带来就业，农民变为景民，就地解决农民的就业问题，提高了农民的收入。同时游客和居民的生活理念得到交流并相互影响，促使其从生活习惯和理念上由农村居民向城镇居民转变，从而改善农民生活质量。

当前新型城镇化发展现状之一就是就业结构滞后于产业结构的发展，尤其是在农村地区，农业的基础薄弱，农民收益不高，农村剩余人口较多并大量闲置，无论是从人口比重、就业结构还是从城乡收入水平和消费水平看，中国的城乡二元矛盾都十分突出。全域旅游的发展就地引导城镇人口从事旅游业，一方面，不仅使得旅游区从事农业劳动者转化为非农工作者，推动农村剩余劳动力向城镇转移；另一方面，旅游区农民的就地经营，使农民离“农”不离“乡”，就地解决农民的就业问题，推动了人口城镇化的发展。

3. 促进城乡公共服务配套

全域旅游的发展要求建立全域配套的公共服务体系，以增加游客的满意度为目标，使游客在进入旅游目的地到离开旅游目的地的全过程中都要体验到随处可见的、优化的旅游服务，这就倒逼城镇基础设施和公共服务的配套来满足旅游相关产业的要求及当地居民的生活需求。

全域旅游的发展不只是停留在餐饮、住宿、交通、通信、水利、供电等相关基础设施的配套建设，发展全域旅游要求广泛的居民积极参与到旅游服务和经营中来，更注重旅游目的地商业、金融、文化、教育、医疗等城镇公共服务的配置，使广大的居民能够从旅游活动中获得利益，居民和游客共享基础设施和公共服务，增加了受众群体的数量，能够降低基础设施和公共服务的平均成本，形成“全民共建、全民共享”的旅游目的地。因此全域旅游能够改善城镇村民的生活质量和服务体系，实现城乡统筹发展。尤其是在一些老、少、边、穷的地区，这些地区旅游资源富集、民族风情浓厚，在这些地区整合各种资源和资金，大力实施全域旅游战略，全面改善基础设施和公共服务，推进扶贫攻坚和精准扶贫，推动贫困人口在全域旅游的发展中获取更多收益，大力发展全域旅游共享经济，保障人民群众公平享有旅游权利，使全域旅游成果普惠广大人民群众，从而使乡村逐渐演变成新农村，进而形成比乡村社区更高层次的新型小城镇。全域旅游的发展所带动的城镇文化区、旅游休闲区、产业聚集区、现代商业区等多功能叠加、和谐共享的新型城镇化，能够缩小农村与城市的差距，改善城镇化的质量，为城镇居民提供优质的生活服务，促进当地公共服务城镇化的发展。

4. 促进城乡生态环境改善

生态问题是新型城镇化建设过程中关注的重点问题，旅游业也十分注意节能减排，积极发展绿色旅游、生态旅游、低碳旅游，这与新型城镇化的发展方向是一致的。全域旅游作为一种旅游发展的新思路、区域发展的新模式，所追求的是旅游质量和人们生活品质的提高，它融入可持续发展的理念，把生态环境的保护和旅游结合，注重环境的整体优化，注重生态资源的全域优化和生态环境的全域改善，将生态环境也看作是旅游目的地的吸引物之一，从而创造更多的绿色财富。在全域旅游的发展过程中，为城镇带来更多的公园绿地和景区的建设，提高景区的绿化率，在全域范围内，进行环境的美化和改善，修建绿地，搭建旅游区景观与绿化体系，增加城镇的绿色板块，提高空气质量，从而提高宜居性。同时，生态环境保护观念得到不断宣传和传播，能够提高社区居民保护意识，积极引导当地居民参与生态环境保护，全民的共同参与使得在整个社会培养和树立了环保意识。通过全域旅游的发展，将城镇的发展与环境的有效保护结合，而且全民的环保意识增强，从而促进城镇生态的可持续发展（见图5-1）。

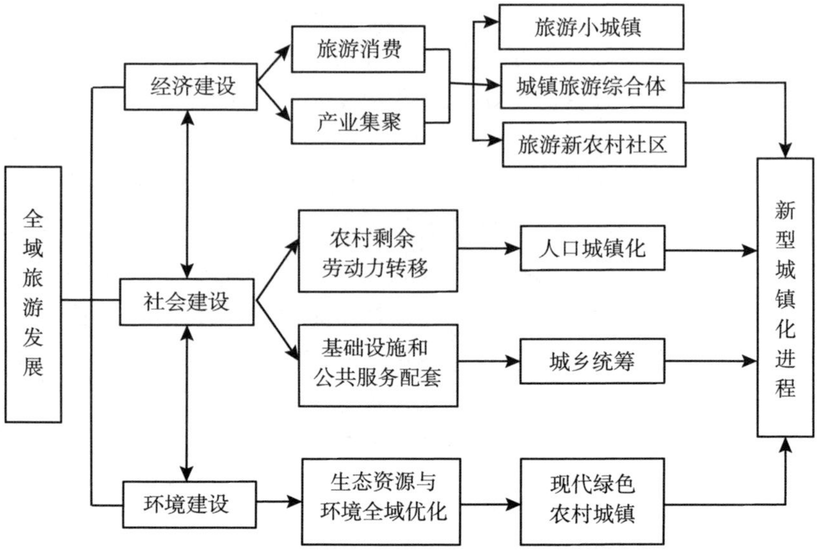

图 5-1　全域旅游促进新型城镇化发展机理图

5.3　全域旅游促进城乡融合的发展模式

旅游业是一项综合性强的产业，全域旅游的发展更能促进区域各类资源的整合和产业融合发展，形成新业态，促进社会共同参与，全面保护资源与环境，满足旅游者的生活和休闲，有以下几种常见模式。

5.3.1　旅游综合体模式

旅游综合体是一种旅游要素在空间上的高效合理的聚集，在旅游城市或者城郊村落依托旅游资源进行主景区的打造，并配置相应的辅助设施，构建集商业、观光、休闲、度假、会展、娱乐等多功能于一体的旅游板块，从而满足游客的多种需求，是一种多元化、多功能的泛旅游产业聚集区。根据功能不同，依据全域旅游的发展理念，打造不同的核心吸引物，旅游综合体中可以包括以游乐、创意文化为主的娱乐板块，以生态观光和主题度假为主的休闲度假板块，以商品展览、商务会议为主题的会展板块，以都市休闲综合购物为核心的商业板块。

娱乐板块主要以文化、娱乐休闲来吸引人群，比如建设文化主题的度假区、互动游乐场、影视文化体验区等，构建多元化的目标市场；休闲度假板块主要是依托海滨、山林、雪地等自然旅游资源，以度假休闲为核心，在区域内配置餐饮、住宿酒店、商店服务等基础设施，以及温泉、高尔夫、游艇、康养等休闲设施，开发出综合性的旅游度假区，打造有特色的“度假 + 观光”模式；会展板块主要是发挥旅游的商务服务功能，在区域内以会议展览等商务服务为核心，并配置相应的基础服务设施等功能性建设，发挥旅游目的地的会展商务价值；商业旅游板块主要是以商业为核心，以其他休闲娱乐为辅助设施的区域，建立一种供人们购物、休闲、娱乐观光的功能区，可以采取旧城改造休闲街区以及大型综合主题购物中心等，进行合理商业布局，强化购物环境，满足购物旅游游客的多种需求。

在都市圈旅游综合体的开发过程中，以全域旅游的发展思路，深入延伸产业链，产生巨大的集聚效应，形成集多功能于一体的游憩商业区、娱乐休闲区、观光度假区、商务会展区等，构建综合体的绿化系统来优化目的地的生态环境，完善基础设施和公共服务配置，而且能够实现产业的多元复合转型，能够树立区域旅游品牌形象，促进新型城镇化的建设进程。

5.3.2　特色小镇模式

特色小镇以独特的产业和历史文化作为支撑，围绕地方产业特色和资源特色，通过要素聚集，形成本土文化与资源的聚合，并配备完善的设施和服务，将创新、绿色、开放等理念融入其中，提高创新能力并塑造空间品质，具有文化、旅游和社区等多重功能，是生产、生活、生态、休闲的融合，是“产业 + 市场”的集合体，是多种功能叠加的新型城镇化新载体。

首先，特色小镇的发展基础就是特色的产业与特色的资源，所以在特色小镇的建设过程中，应该根据地形地貌，确定小镇的整体建设风格，并且强化建筑风格的个性化设计。在特色小镇的建设过程中，要注重历史文化的塑造，构建小镇的文旅空间，形成具有浓郁地方风味的独特文化标志，让优秀的传统文化在经济发展和社会管理中充分弘扬。其次，要配套完善的基础设施和公共服务，创新融资方式，鼓励和引导各类社会资金投入基础设施建设中来，同时加强生态环境的保护力度，构建小镇的环保系统。最后，注重小镇的多产业、多功能构建，充分发挥“旅游 +”产业链体系是特色小镇建设过程中的重要突破口，将各行业、各要素进行有机整合，加强旅游与农业、工业、文化、教育、科技、互联网、体育、健康产业的融合，将产业链做特、做精、做强，推动产业链的深度延伸，促进特色小镇的相关产业转型升级和提质增效。以全域旅游的理念丰富特色小镇的内涵，使之更好地营造全域产业链，打造温泉健康小镇、自行车小镇、商贸物流小镇、红色文化小镇、工业园区特色镇、农业观光特色镇等，并且将距离较近、风景面貌与产业关联强的小镇纳入全域旅游资源的总体规划中，空间布局与周边自然环境相协调，整体的风格和风貌具有典型特征，从而形成全域范围内的特色小镇的多样化组合。以全域旅游的发展思路规划特色小镇，必将成为特色小镇发展的样板。总之，在新型城镇化的建设过程中，将全域旅游的发展理念用于特色小镇的规划路径，将为城镇化的发展增添新的活力。

5.3.3 美丽乡村模式

美丽乡村建设是新农村建设的全面升级，在一些乡村，尤其是一些旅游资源丰富，却又老、少、边、穷的地区，依托全域旅游的发展挖掘具有乡村特征的原生态之美、人文之美，美丽乡村建设成为新型城镇化建设的新抓手。美丽乡村的建设可以有两种模式，一种是新型农村社区，另一种是田园综合体。

新型农村社区可以依托“人文地产景”，当地资源以农业为主导的新型农村社区为中心，辐射到旅游业、工业等产业，形成工业、旅游业主导新型农村社区，从而形成区域产业集群。首先，由于农村范围较广，而且每个农村都有自身的特点，所以在构建新型农村社区过程中要注重科学的开发和保护，重视自然资源和历史文化，保存当地农村特有的文化传统和民俗风情，因地制宜打造出风格独特的新型农村社区。其次，将农业、工业、旅游业结合，是“产景村”一体化的必由之路，但在这过程中，要尊重农村生活方式，充分考虑农民生活活动，新型农村社区的建设是城镇化的核心基础。

田园综合体是在原有的生态农业基础上进行延伸，是一种较好体现乡村美丽与活力的发展模式。田园综合体由景观吸引核、农业生产区、休闲聚集区、居住发展带、社区配套网五部分组成。景观吸引核可以依托农田、果园、花卉、苗木等打造精品景区，能够吸引游客，提升商业价值；农业生产区的打造则是增加游客的体验感，使游客认识农业生产的过程，可以建设农业教育科普、科技示范等园区；休闲聚集区的打造是让游客体验乡村风情，深入农业农村生活，体验休闲农业；居住发展带是连接城镇化的主要部分，通过产业的集聚，形成人口聚集，建设宜居宜业的新型社区；社区配套网建设则是构建金融、教育、医疗、商业的公共服务配套，是公共服务均等化的重要布署。总之，田园综合体是一种由单一产品到复合度假产品的升级。

都市圈美丽乡村建设，要体现新的发展理念，依托全域旅游将自然资源与人文资源融合，统一规划布局，克服乡村旅游基础设施的不足，传承民俗民风，保护传统村落民居，尤其是在游客与居民的相互交流中，改变了农民的思想观念，同时设施的完善也能提升人民的生活质量，实现社会经济效益与生态环境的协调统一，提高居民就地就业，提高村民归属感与积极性，促进就地城镇化的发展。

5.4　乡村全域旅游促进城乡融合发展实现路径

5.4.1　发展“旅游+”促进乡村产业融合

1. 延伸农业产业链条

（1）旅游+农业生产。一是农业休闲观光旅游。主要通过土地流转进行规模化、集约化经营，在农作物种植时考虑色彩搭配、稻田艺术等大地景观的打造，以及在农业养殖中增加互动和趣味性元素，设计游行廊道贯穿其中，以丰富的娱乐活动延长游客逗留时间，提高旅游收益提升农业附加值。二是农事体验旅游。要求形成从春季耕种、夏季避暑、秋季采摘到冬季民俗、特色节庆产品的全时空覆盖，做到四季有景、有活动，体验内容涵盖从耕种、采摘、制作、消费到线下购买的全过程，多元化的体验活动能深化游客的经历，增加乡村的消费。三是农业科普旅游。主要在城市周边乡村开展，旅游场所同时也是农业科技空间，能够满足人们在游玩放松中获取农业知识的需求，参观、感触、拓展和农业科技实验等活动组合构成了农业科普旅游的主体，学校组织的中小学生团体和亲子游为主要消费群体。寓教于游的优势吸引了大批游客，开发了农业的科普、教育功能，实现了产业融合发展，提高了农业经营收益。

（2）旅游＋农业加工。通过对农产品加工流程、工业环境进行旅游化改造，形成旅游吸引物，再结合产品宣传吸引游客前来参观和体验选材、加工制作、质检等生产过程，既能实现工业生产的旅游化升值，与产品生产的近距离接触也能取得消费者的认同和信赖，扩大品牌的影响力。比如，江西景德镇将世上最古老的制瓷生产作业线，从拉坯、画青花，到烧窑等72道工序以“活态”形式展现，吸引了大批游客观赏、体验和消费。随着电商的快速发展和物流配送体系的完善，有机农产品、农副土特产品和农村手工艺品等在旅游消费中所占的比重越来越大，这种需求促进了乡村农特产品的加工，旅游商品对品牌、标准的强调推动了农业品牌的形成和发展，有助于农产品加工业的规模化、标准化生产、精深加工和包装提升，实现了农产品的旅游加工增值和三产融合，带动了当地就业。此外，乡村旅游对农产品的就地消费大大节约了流通成本，让更多的收益留在了农民手中。同时，乡村旅游引致的农产品消费带动了农产品流通行业“会员制”销售、农产品众筹、电商销售等新经营模式，为现代农业转型升级注入了新动力。比如“定制农业”架起了农业生产与消费者直接对接的桥梁，既满足了市场的个性化需求，又能以销定产，进行精益化生产。城市居民既能吃到安全的农产品也能享受“躬耕之乐”。

2. 发展农村新产业、新业态

（1）旅游开发农业多种功能。农业与二三产业融合发展，可以实现农业从单纯的生产功能向生态、生活复合功能的拓展，而乡村全域旅游涵盖了休闲娱乐、科技文化、养生养老、健康运动等丰富的产业形态，通过推动农业与旅游的深度融合，可以开发出农业的经济、社会、生态等多元功能，促进现代农业产业体系、生产体系、经营体系的形成，构建起繁荣农村、富裕农民的新型产业结构。

（2）旅游催生农村多元业态。旅游与农村电商、“互联网 +”的结合迎合市场需求，催生了休闲农场/牧场、智慧/创意/康养农业、乡村营地/公园/庄园、乡村酒店/民宿、文化创意农园/市民农园/乡土乐园等一大批农业新业态，既促进了农业结构的调整也延伸了农业产业链。同时，围绕全域旅游“吃、住、行、游、购、娱”“商、养、学，闲，情，奇”等现代旅游要素，发展大城市近郊乡村旅游圈和多业态集聚的乡村旅游集群片区，能通过规模化经营有效带动区域较快发展。此外，根据地域特色打造的画家村、美食村、影视村、艺术村、历史村等特色村落，在消费结构升级和人们猎奇心理的驱动下，能迅速集聚人流、物流和商流，奠定了乡村产业振兴的基础。

3. 加强平台载体建设

（1）推进各类园区建设。乡村全域旅游观光、休闲、康养业态的发展推动了农业产业园区、科技示范园区和创业园区“三园同建”，通过农村三产融合发展，打造现代农业综合发展平台，提高了农业生产的现代化水平，优化了农村产业结构，吸引了返乡创业人才。

（2）加快特色小镇建设。2016 年中央“一号文件”指出大力发展休闲度假、旅游观光、养生养老、创意农业、农耕体验、乡村手工艺等，发展具有历史记忆、地域特点、民族风情的特色小镇。乡村旅游的发展能有效推动有条件的地区建设“宜居、宜业、宜游”的特色小镇，有助于挖掘乡村地域特色、人文底蕴和生态禀赋，结合旅游产业融合、旅游设施配套、旅游服务跟进的需求，打造产业特色化、功能集成化、环境生态化、机制灵活化，具有明确空间边界的功能载体平台。通过农旅融合、环境改善、产业提升为乡村发展带来生机。2016 年以来特色小镇以休闲农庄、乡村酒店、特色民宿、自驾露营、户外运动等乡村休闲度假产品等的申报创建成为市场追逐的热点。

（3）推动田园综合体建设。从目前比较成熟的实践来看，田园综合体是以农业为主导产业，通过“景观吸引核、农业生产区、休闲聚集区、居住发展带、社区配套网”等功能分区架构的融生产、生活、生态于一体的田园发展空间。其建设初衷是基于现代人对“桃源梦”的追寻，以乡村旅居为目标，形成的让企业参与、多方共建的“开发”方式运营，带有商业模式的顶层设计。田园综合体建设主张将城市生活方式与乡村元素结合，在田园乡间打造具有城市生活水平的配套设施与服务，满足中高端人群休闲度假、养生养老的需求，这与乡村全域旅游的发展理念相通，或者说是乡村全域旅游的一种实现形式，是创新城乡融合发展的重要平台载体。以乡村全域旅游推动的田园综合体建设是深化“农旅融合”、发挥旅游产业带动乡村振兴的重要途径（见图5-2、图5-3）。

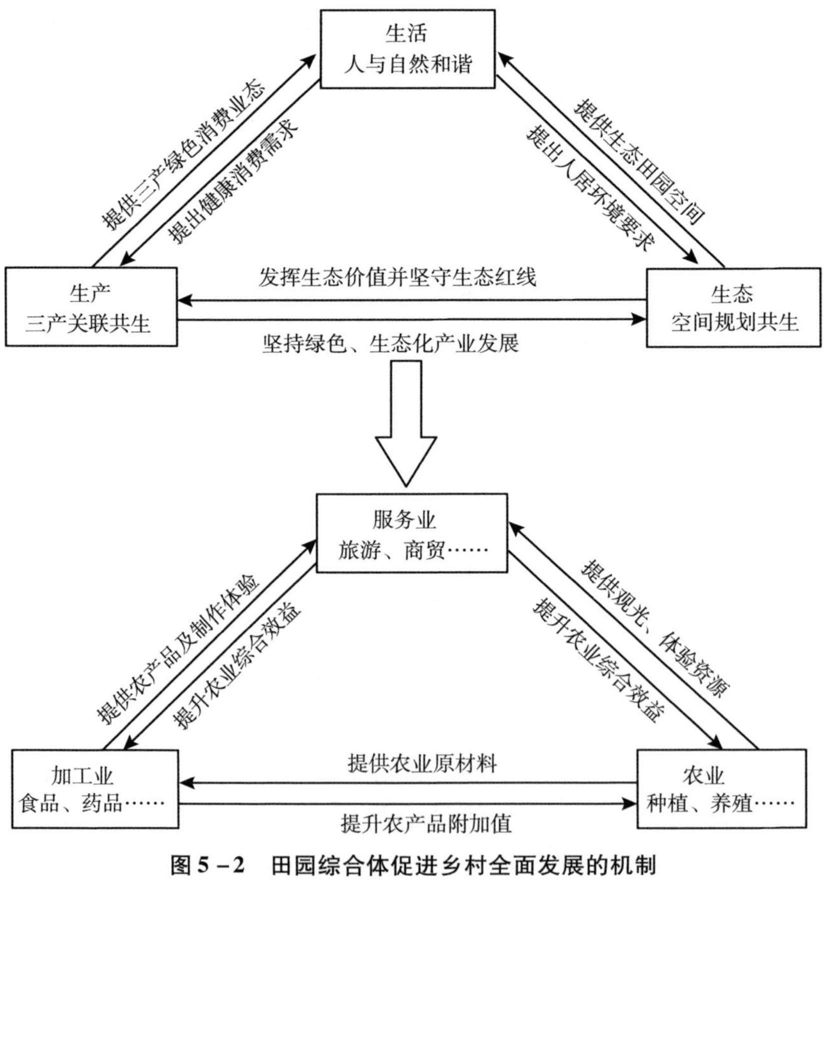

图5-2　田园综合体促进乡村全面发展的机制

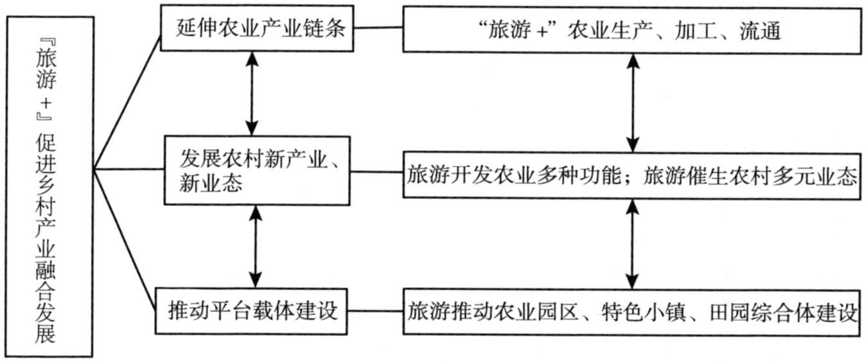

图5-3 乡村旅游促进乡村产业融合发展的路径

5.4.2 繁荣文旅产业活化乡村文化资源

1. 构建文化与旅游产业的共生结构

（1）乡村文化的振兴。农业文明是中华文化之根，乡村作为中华民族的发源地与繁衍空间，承载着社会文化的核心组成部分。乡村文化具有乡土性、共有性、延续性、时代性特征，是一种“有根”的文化，有着“生于斯、长于斯”的乡土认同感，承载着乡音、乡土、乡情以及古朴的生活、恒久的价值观念和生活传统。乡村文化是乡村振兴的核心资源与思想基础，将与乡村产业升级、社会结构优化、生态环境提升等要素互为表里，共同完成乡村振兴的时代使命。只有充分认识乡村文化的社会价值、经济价值，乡村振兴才能活水长流、持续推进。

乡村文化振兴的主要目标有三个：继承、创新与持续发展。基于三维目标与乡村文化特性，乡村文化振兴要把握四个重点：一是保持乡村文化的“乡土”本色；二是激发乡村社会成员的文化认同与自信；三是提升乡村文化的经济变现能力；四是注重涵化先进文明成果。在乡村文化体系的构建上，可以联合政府、企业和社会各界人才的力量，采取自上而下的引导和自下而上的发展结合的方式。

（2）构建乡村文旅共生结构。文化是旅游的灵魂，旅游是文化的载体。旅游发展的关键是打造核心吸引物，而富有地域特色的乡村文化正是构建乡村旅游核心吸引物的重要资源，因此发展旅游与文化保护具有天然的联系。乡村全域旅游强调用“文创”理念开发乡村文化资源，通过别具匠心的创意设计，用现代化思维把时尚元素、时事热点与乡村艺术相结合，打造出有颜值、有体验、有认同的核心吸引物，增加乡村旅游的文化性、创意性和体验性，并通过微博、微信、网络直播及App运营等新媒体扩散宣传吸引游客前来体验、消费。在旅游文化产品的生产上强调主动对接旅游市场需求，包括特色民俗风情展示与表演互动、民间艺术观摩体验、文化赛事和活动举办、古村落和非物质文化遗产保护、乡村书院和乡村博物馆等文化设施建设、文创商品的设计开发等。文化和旅游的结合一方面提高了乡村旅游的经济附加值，繁荣了乡村产业；另一方面，旅游发展过程中创意、创新、科技元素和外来文化因子等鲜活资源与乡村传统文化的碰撞融合有利于传统文化的活化与创新，也能推动形成适应时代需求的乡村文化体系。

乡村文化的持续发展必须以经济作为依托，利益引导人们行动是市场经济发展的本质。因此，乡村文化的振兴要通过提升文化的经济变现能力来实现，而乡村旅游与乡村文化的融合发展正是通过开发文化的经济功能，把文化振兴与产业振兴相结合，以产业带动乡村社会成员的经济自觉、文化自觉，从而激发乡村社会成员的文化认同与自信，让其主动发掘身边文化的活力，形成乡村文化发展由内而外、自下而上的动力，赋予其持续发展的强大动力与经济支撑。打造乡村全域旅游的文化名片，既能激活沉睡的乡村资源也能带动农村剩余劳动力就业增收，同时也有利于传统文化的传承与创新。

发展乡村旅游有助于发掘地域特色，传承发扬乡村的历史底蕴、民俗文化、美食文化，以文化产业化为导向，激活文化市场，实现商品化收益，繁荣乡村文化。乡村全域旅游利用珍贵遗址和非物质文化遗产大力发展地标性文化旅游，结合现代视野和市场需求创造优质的文化产品，以农耕文明为起点推动了乡村文化振兴（见图5-4）。

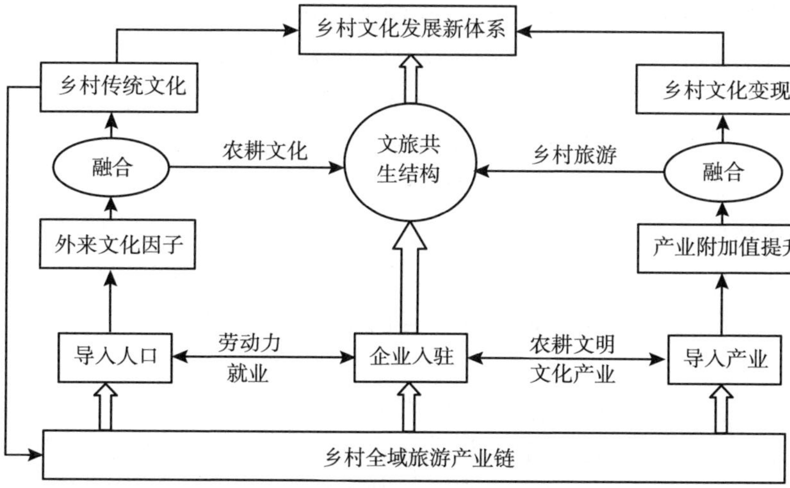

图5－4　乡村旅游与乡村文化共生结构

2. 旅游化推动乡村文化的传承与创新

（1）深度体验化。相对于各类农耕文化博物馆和民俗展馆的静态展示或强行说教，寓教于游的体验化方式更有助于文化的深度挖掘与传承创新。将中国千年农耕文明融入现代人的休闲、娱乐，通过与吃、住、行、游、购、娱，商、养、学、闲、情、奇等旅游要素的多元结合，以喜闻乐见、互动参与的农业生产活动体验、农耕文化器具的使用、历史名人的活动再现、农业发明创新主题乐园以及农事节庆等各种旅游活动串联起来，让现代人积极主动地体验"谁知盘中餐，粒粒皆辛苦"的真谛，感受传统文化"仁义礼智信，忠孝勤俭德"的精神内涵，在游乐中真正被文化所感染、吸引，并指导现代人的生活、工作和学习，启发深度思考。

这种文化活化方式能够触动人们的心灵深处与精神层面，是最能形成长久吸引力的文化卖点，只有真正让文化打动了游客，才能促使其消费文化产品，进而提升文化的经济变现能力和持久发展机制。同时，这种深度体验的旅游也能吸引游客回游和游客自发的宣传，有利于乡村旅游文化品牌的形成和可持续发展，最终形成"文旅"良性循环，以旅兴文，以文促旅。

（2）科技活态化。中华文化博大精深，类别丰富，特色鲜明，形成了宝贵的农耕文化遗产。在体验经济时代，将文化束之高阁已经不是最佳的保护方式，以活态化的方式呈现和展示更有意义。互联网和人工智能等技术与文化旅游的结合促进了农耕文化的华丽转身，“田园小火车、3D麦田漂流记、3D摄影、VR麦田、VR无人机飞行、稻田声光艺术、立体农业、体感植物、智能餐厅、高仿真耕作雕塑等”新一代休闲农业产品，通过多重感官的调动，让游客多角度深入体验农耕文化的魅力，将抽象久远的文化进行可视、可感、可触性转化，增强了文化的生动性和趣味性，有助于农耕文化的深入发掘和广泛传播。

(3）文创艺术化。艺术源于生活，农业生产实践中总结、创造出的实用工具、祭祀舞蹈、民谣谚语等一系列丰富的艺术文化是旅游造景的重要来源，从旅游审美的角度下对其进行艺术性美化提升，能够成为良好的旅游吸引物，近年来受到广泛追捧的七彩花田、稻田画、茶海梯田、农业嘉年华等正是农耕文明艺术化的多元表现形式。通过艺术手法打造乡村文化吸引物在国外发展更为成熟，以近邻日本为例，在越后妻有每年都会举办“大地艺术祭”，吸引世界各地的艺术家和人才前来创作，在乡村大地上就地取材，作品以人与自然和谐为主旋律，将现代装置艺术与农田景观融合创新，形成了一大批人文艺术佳作，吸引了大量游客，激活了衰落的乡村经济。

文化与创意结合的另一个重要方面是“文创产品”。文创产品是艺术衍生品的一种，利用原生艺术品的符号意义、美学特征、人文精神及文化元素等，对原生艺术品进行解读和重构，融入产品的创意，形成一种新型的文化创意产品。随着人们消费结构的升级，千篇一律的旅游纪念品已经无法满足人们多元化、个性化的需求，而源于文化主题，经由创意转化的文创产品通过“情感的营销”得到了消费者的一致青睐。台湾是将乡村旅游与文创融合的典范，政府聘请专业设计机构，调研、遴选区域内的农产品，用五感化、立体性的说故事技巧和情感设计，实现从产品策划、生产流程、包装销售全过程的文创化提升，同时对旅游从业（文创生产）人员进行合格培训，面向市场和游客推出系列化的文创产品，推动传统文化“走出去”。文创产品“卖的是情怀”，经过对人们内心世界情感的把握，把文化IP用创意融入旅游产品，创造出了超越文化和产品本身的经济价值，不仅能博得游人的眼球，更能抓住游人的心，是提升农耕文化经济价值的重要载体。

5.4.3 打造旅游环境促进乡村生态宜居

1. 全域景观布局提升乡村环境

工业化和快速城镇化催生了人们对绿色、田园生活方式的追求，新时期乡村振兴背景下的生态振兴就是要大力改善乡村人居环境和生态环境，为国民提供享受健康生态田园生活方式和消解乡愁、向往乡韵情怀的新空间。旅游首先是对美的需求，而乡村全域旅游的发展要求把乡村全域当作一个旅游景区地来打造，注重乡村整体环境的美化和提升，进而推动乡村生产、生活、生态环境的改善。

首先，旅游风景道、自驾游/骑行/慢行车道、道路标识系统、停车场、旅游厕所、游客综合服务区、智慧化旅游服务系统、精品民宿建设等旅游设施的配套与“空心村”整治、扶贫搬迁等工作结合起来，能有效促进乡村交通、环卫、水电、网络、公共活动区等基础设施建设，也能引导乡村建筑、空间布局优化。其次，观光园区、康养基地、旅游小镇等旅游景观的营造和旅游项目的实施将与“山水林田湖草”治理协调推进，能加速乡村生态环境的保护和修复，通过旅游发展需求呼唤绿色生产、退耕还湖、水土保持、生态修复、节点绿化等理念，将为乡村可持续发展奠定基础，如图5－5所示。

2. 乡村旅居开启生态田园新生活空间

随着城市生活节奏的不断加快，越来越多的城市居民产生了回归田园、追求内心宁静的精神需求。乡村地区拥有旖旎的田园风光、浓郁的乡土文化和原生态的生产生活方式，是消解乡愁、追寻桃源梦的空间，因此成为城市居民休闲度假、亲近自然的理想目的地。

面对人们升级的消费需求，变“绿水青山”为“金山银山”是乡村生态振兴的重要任务。因此，供给城乡兼容的高品质生活方式，塑造外表乡野、内涵奢华的现代乡村是适应新时期供给侧改革的重要内容和实现乡村振兴的重要一环。就目前来看，乡村旅游发展的最高级阶段便是乡村旅居，这一阶段的消费以寻求安逸、清静、闲适的田园生活形态为特征，要求乡村不能仅提供人与自然和谐的生态环境，还要满足人们乡村休闲、康体养生、食品安全等现代田园生活综合体验。

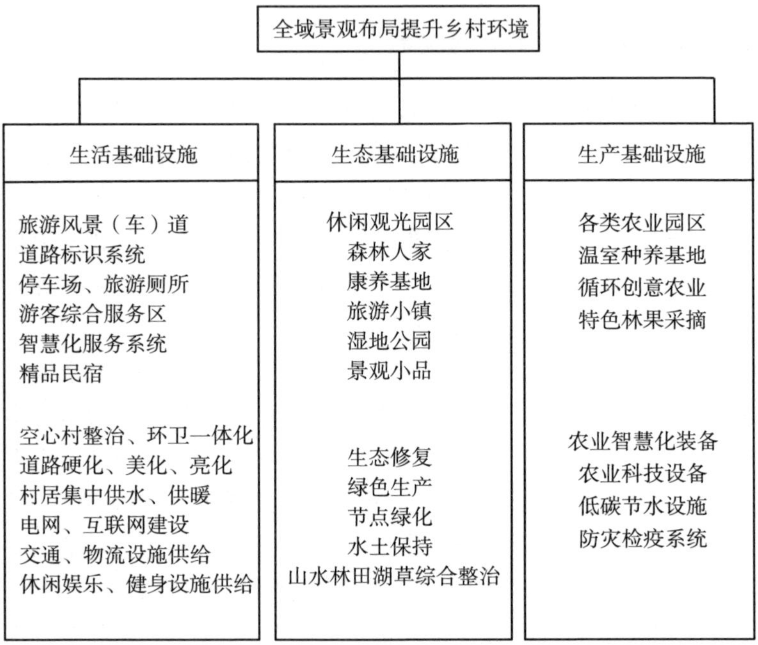

图 5 -5　乡村旅游促进乡村环境提升

旅游消费需求推动的田园生活营造主要在三个方面促进了乡村的生态宜居建设。一是依托青山绿水、乡愁情结、民俗风情和乡居建筑景观打造“原味”的乡土生活场景，既保留了乡村的自然与人文精神内核，又融入了现代生活元素，促进了乡村的生态宜居；二是结合休闲娱乐设施和服务配套与康养度假产业提供闲适的“慢生活”体验，能直接推动城市基础设施和公共服务向乡村延伸，提升乡村人居环境；三是基于乡村优越的生态环境，生产绿色食品，倡导环境友好型生活方式，实现乡村的可持续发展，如图 5 -6 所示。

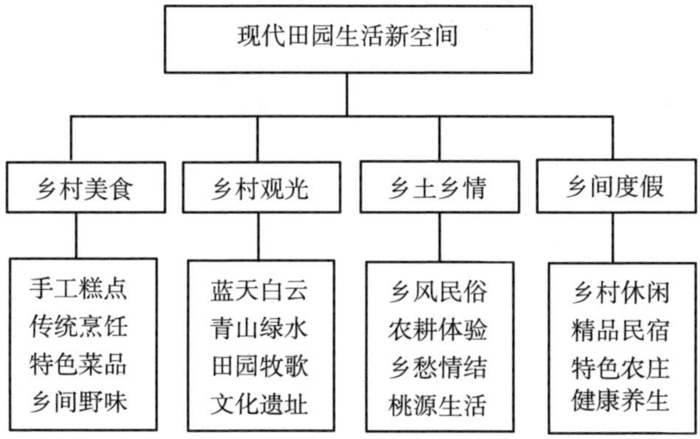

图5－6　乡村旅游构筑田园生活新空间

5.5　流空间视角下要素集聚促进城乡一体化

旅游业是一种特殊的综合性产业，产业关联度高、涉及面广、辐射力强、带动性大，是新世纪最具活力的新兴产业，显示出强大的要素聚集能力。

5.5.1　人才聚集效应

在工业化进程中“推拉力”的作用下，农村青壮年劳动力持续向城市流动，“空心化”成了农村的普遍问题，也加剧了城乡发展不平衡的矛盾。乡村旅游作为连接城乡供求的通道，通过消费集聚、产业融合吸引着人才、资金、技术、知识等要素进入乡村，开创了城乡要素双向流动的新格局，促进了城乡融合发展。

1. 旅游产业发展集聚乡村人口

人才振兴不只是让有能力建设乡村的人进入乡村，更重要的是要让乡村的发展能留住人，吸引更多的人住在乡村，这样乡村的持续发展才能未来可期。传统农业因其弱质、低效留不住乡村人口，而旅游具有集聚人口、带动消费的基本特征。乡村具有发展旅游产业的优越自然和人文资源，是吸引旅游观光、养生养老、休闲娱乐等客群的重要基础。旅游消费同时涉及一二三产业，是促进农村产业结构升级和经济社会全面发展的有效途径。新时期的乡村全域旅游发展模式能够吸引城市人口进入乡村消费，不仅有助于实现收入的再分配和城乡收入差距的缩小，还能引导部分有养生养老、休假旅居等需求的人口长期在乡村居住，促进城乡人口的合理分布，如图 5 –7 所示。

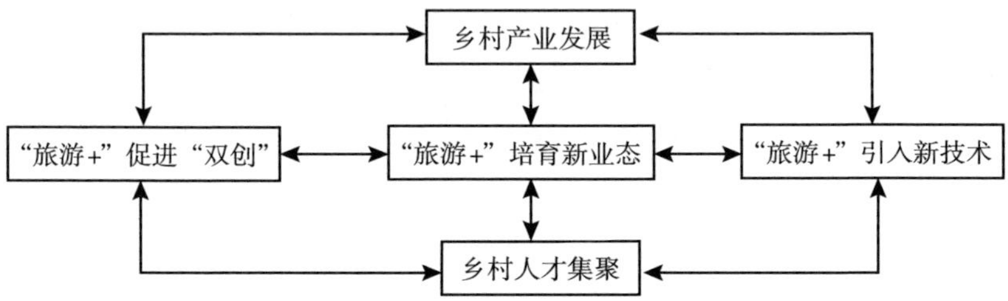

图 5 –7　乡村旅游发展与乡村人才集聚的良性互动

2. 旅游产业发展创造就业机会

“旅游 +”的强关联性和带动性与“互联网 +”等现代科技结合能孵化出大量的新产业、新业态、新模式，促进三次产业融合发展体系的构建和产业链的前后向延伸，进而创造出新的工作岗位和就业机会，带动区域经济健康发展。在乡村地区导入旅游产业，以三产带动一产发展，推动二产发展，形成三二一产业联动发展模式。随着乡村的精品民宿、餐饮休闲、康体养生、文化创意、商务会展、文化旅游、零售服务、电子商务、科普教育、民俗表演、旅游交通等泛旅游产业的发展，催生了如农产品包装、销售人员，互联网技术服务人员，手工艺品制作、传授师、文创个体户、乡村讲解员、民宿经营者、特色餐饮提供者、疗养保健师等众多就业机会与全新职业形态，既带动了农村剩余劳动力的就业增收，又吸引了大批双创人才在乡村广阔的天地中创新创业。

综上所述，旅游吸引了社会各界人口直接、间接投身乡村建设，创造了众多就业机会和职业形态，促进了城乡交流和融合发展机制的构建，是吸引外来人口，带动当地消费，使乡村建立起以产业为基础，以消费促进乡村人口回流、人才集聚和人才振兴最有效、最直接的途径之一，如图 5 –8 所示。

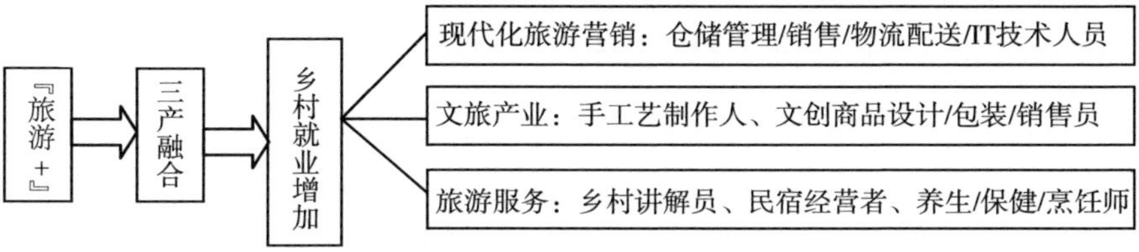

图5-8 乡村旅游发展创造多种就业机会

5.5.2 资金循环流动

作为促进新旧动能转换的核心产业，政府鼓励且支持旅游产业的发展，给予旅游企业和旅游产业发展提供资金支持。一是通过“旅游+金融”创新金融产品，引导各种金融机构、风险投资机构、基金为创新创业型中小旅游企业提供股权融资、门票质押、旅游资产证券化等。二是利用好PPP融资方式，引进有实力、有资质、业绩好的大型企业集团来作为投资主体。三是推进旅游资产升值。我国推出绿色债券，鼓励旅游资产发债，为旅游资金的流动提供了机遇。通过以上方式，不断促进旅游企业、旅游金融资产“拼盘”组合，做大旅游产业。

5.5.3 市场主体壮大

全域旅游的消费集聚作用广泛吸引了企业等社会资本的进入，也鼓励了自发创新创业。全域旅游给各类市场主体提供了投融资平台，各类市场主体通过资源整合、改革重组、收购兼并、线上线下融合等方式投资旅游业，旅游投资主体多元化。有竞争力的旅游骨干企业和大型旅游集团不断崛起，促进旅游产业规模化、品牌化、网络化经营。落实中小旅游企业扶持政策，引导其向专业、精品、特色、创新方向发展。

同时，全域旅游的发展带动乡村地区旅游产业的发展，旅游开发企业、农业龙头企业、农民合作社、家庭农场、种养殖大户等新型经营主体在农村获得了较快发展，创造出了“企业+农户”“村集体+企业+农户”“企业+合作社+农户”等新的经营模式，把闲置的农田、屋舍和沉睡的山林河湖资源充分利用起来，走文旅融合发展之路，既提高了乡村资源的利用效率，也实现了企业价值、拓展了农民的就业增收空间。

1. 旅游壮大农村新型经营主体

乡村旅游的消费集聚作用为乡村发展带来了人气和无限商机，广泛吸引了企业等社会资本的进入，也鼓励了部分有能力的农户自发创新创业。近年来，旅游开发企业、农业龙头企业、农民合作社、家庭农场、种养殖大户等新型经营主体在农村获得了较快发展，创造出了“企业+农户”“村集体+企业+农户”“企业+合作社+农户”等新的经营模式，把闲置的农田、屋舍和沉睡的山林河湖资源充分利用起来，走农旅融合发展之路，既提高了乡村资源的利用效率，也实现了企业价值、扩展了农民的就业增收空间。

实行家庭联产承包责任制以来，我国农村以一家一户的小农生产方式为主，而近年来乡村旅游发展的实践显示了“旅游开发企业+村集体（合作社）+农户”模式下，村集体经济迅速发展带来的农民增收，村庄建设升级的可喜成效。比如浙江安吉鲁家村就是通过这种模式成功走出了全国美丽乡村建设示范村的道路。为了经营好全村人共同的大景区，鲁家村与安吉浙北灵峰旅游有限公司共同投资成立了三家旅游发展公司经营家庭农场，均由鲁家村集体与旅游公司同时持股，村集体资产股份按村民人数均分并发了股权证。村企共建打响了“鲁家”品牌，建立了由村集体、旅游公司、家庭农场主按照约定比例进行利益分配，村民再从村集体中享受分红的利益分享机制。经过美丽乡村和家庭农场建设，安吉县在5年内从一穷二白的山村，蜕变为开门即花园、全村皆景区的美丽乡村新样板。

2. 旅游构建利益联结机制

（1）股份合作。笔者2017年在山东枣庄、临沂等地开展“乡村旅游扶贫情况”调研时发现，扶贫资金与旅游开发的融合运作已经广泛出现在诸多乡村的扶贫开发实践中。长期以来，单纯把资金发到农户手中的输血式扶贫不能真正帮助农民脱贫致富，而“旅游+扶贫”将扶贫资金和农民的土地、山水林田湖等集体资产折股量化，投入旅游开发企业，通过专业化的经营运作实现资本增值后，再将经营收益以“保底收益+按股分红”的形式返还给农民。“旅游+扶贫”形成了“造血式”扶贫，因为这种扶贫方式能够让农民享有较稳定的持久收益，既减轻了财政的扶贫负担，也大大提高了扶贫资金的利用效率。此外，乡村旅游发展也为农民创造了诸多就业机会，拓宽了增收渠道。

（2）共建共享的产业联结机制。“旅游+”推动的产业链各环节联结的模式创新，推进了官产学研多元利益机制的构建，引导着新型农业经营主体和农民利用“互联网+”，强化了“农超对接”，把现代化流通方式引入农村，同时促进了农村发展的金融创新，构建起市场导向的产销一体化链条和多方利益共同体，实现了农民、企业和消费者的共赢。

第6章　流空间下都市圈一体化发展的对策建议

为了进一步优化都市圈空间经济联系，密切城市之间的交流合作，从而促进都市圈一体化进程，有必要从都市圈一体化的经济主体、支撑体系和协调机制三个角度不断加强城市间的一体化发展；同时，促进城乡融合，推动城乡一体化发展，实现都市圈内部城市之间、城乡之间一体化发展。

6.1　多方参与积极推进都市圈建设

都市圈一体化发展进程中，各级政府要做好统筹规划，企业家要发挥要素承接作用，同时借助社会中介组织的作用，调动各方力量共同构建都市圈的经济主体框架。

6.1.1　发挥企业的微观作用

为了促进都市圈内部的经济体间的协调发展，带动整个都市圈的同步发展，我们需要发挥企业的作用。随着交通线路的完善，网络信息技术的发展，企业发展状况得到改善，规模不断扩大，企业不再仅局限于本地发展，逐渐向周边以及其他地区扩展，它们需要更广阔的市场，寻找新的发展方向。缺少了企业家的经营管理企业也就失去了经营方向，也达不到自身制订的发展战略目标。只有协调好政府、市场以及企业之间的关系，提高经济效率，降低企业不必要的交易费用，才能为企业的发展腾出更多的精力和时间，企业才能得到更多的发展机会，不断发展壮大，为空间经济联系的加强贡献一分力量，从而实现整个都市圈经济的联动发展。

6.1.2　发挥政府的宏观作用

都市圈的成熟与否体现在城市功能的发展程度上，都市圈城市经济主体注重中心城市与周边城市之间、周边城市之间密切的空间经济联系，城市功能的提升可以加快加深城市之间的交流合作，依靠自身经济势能实现经济要素自由配置，带动中小城市发展，实现城市之间的互动式发展。都市圈的经济一体化发展，一方面需要加强中心城市的建设，不断提升其经济实力，发挥其主导产业的作用，要提升中心城市的核心垄断地位，充分利用中心城市及其周边地区发展成熟的制造业和服务业的优势，建立多条完善的产业链，增强其辐射带动作用；另一方面需要加强其与周边城市的建设，引进外部资金来调整产业结构，加速中小城市的发展，提升实力发挥其应有的功能，促进产业间分工的合理化，实现产业资源的整合和高效利用，建立产业集群，加快产业融合，实现城市体系多样化发展的目标战略。

6.1.3　调动社会多方力量

加强都市圈内部的合作，学术界、民间机构、中介组织等在都市圈一体化中均发挥着重要的作用，都市圈的经济主体是一个复杂的体系，要想实现一体化，这些力量都是不容忽视的，都市圈的经济一体化不能只重视政府的调节作用，要积极主动构建综合政府、学术界、民间机构、中介组织等多方力量的复合体系，为协调都市圈经济发展发挥应有的中坚作用。

6.2　加强都市圈一体化的支持体系

事实上，都市圈经济主体依存的基础设施、经济基础和制度环境构成了支撑都市圈一体化发展的技术骨架和微观基础。我们从以下几个影响要素来阐述完善都市圈一体化支撑体系的工作重点。

6.2.1 加强基础设施网络建设

基础设施网络建设是都市圈经济联系的技术基础，都市圈发展离不开完善的城市交通、通信体系。发达的城市交通条件可以拉近都市圈内中心城市与周边城市之间、周边城市之间的经济距离，加强城市之间的交流合作，实现都市圈要素资源的整合，降低要素交易成本，提升经济效率，有利于建立合理的产业分工与合作机制，实现区域协调发展，城市功能互补，改善区域的整体形象，推动都市圈一体化发展速度。要推进都市圈的一体化发展速度，就要不断加快交通和信息网络的构建。尽快建设并完善都市圈的铁路、高速公路及城际高速交通网络，完善通信信息网络化传播条件，建设以中心城市为中心贯穿各城市的城际快速交通轨道，形成连接周边城市的快速交通网，不断密切圈域内各级城市之间的经济距离。要在原有交通设施的基础上，打破区域内交通线路分布不均衡的状况，提高资源的整合度，促进中西部地区的基础设施的完善。要在中心城市与周边城市之间开通城际列车，建设城际轨道，促进沿线地区商品、资金以及信息的流动。同时要促进以互联网为基础的信息网络平台的建设，为城市间信息沟通提供便捷。

6.2.2 加强产业融合

培育统一的市场体系，加强产业融合对于都市圈的经济一体化发展至关重要。在都市圈内，在制度与技术不断创新的基础上，明确城市的地位和优势，提升中心城市对周边城市的辐射带动能力，需要实现各城市产业间相互融合，明确产业分工，实现要素在都市圈内的快速有效流动，达到资源的合理配置，优化要素交易的效率，节约交易成本，建立完善统一的都市圈市场体系。充分利用中心城市的地位优势，以中心城市为中心，形成活跃的资本、劳动力、信息等市场，利用发达的信息网络，促进资源的合理配置，达到资源在产业间共享、合作共赢的状况，实现都市圈市场一体化。具体为：加强圈域内部各城市间企业之间的联系，加快产业融合，形成产业一体化发展格局；扩大投资控股公司的业务范围，加深城市产业对接，实现融资业务的跨城市跨区域发展，提高都市圈内资本市场的活力；促进都市圈内人员的流动，避免地方保护主义的阻碍，建立统一完善的人才流通市场。另外，要尽快实现济南都市圈市场运行规则与国际接轨，减少地区垄断，制定有利于资源要素快速流通的政策，实现都市圈内的经济一体化。

6.2.3　营造良好的制度环境

在都市圈一体化进程中，市场机制发挥着重要的基础性作用，政府干预处于辅助性地位，但是也具有重要的作用，控制好政府这只有形的手对都市圈的发展具有不可替代的作用，重点就是转变政府职能，加强城市间交流，制订统一的区域发展战略并切实执行，具体来说：破除地方保护主义的限制，打破地方行政区划这一制度障碍，实现要素的自由配置和城市的合理分工合作；制订都市圈统一健全的整体联合发展规划，整合都市圈内部经济要素资源，实现区域协调发展；制订合理健全的监督机制和评价机制，保证各种政策和规划的切实执行，达到行之有效。

6.3　加强协调合作机制

完善的协调机制是都市圈经济一体化的运作机制，是都市圈一体化的运作方式和宏观环境。针对协调机制维度，应当从以下几个方面提出相应对策建议。

6.3.1　整合都市圈要素资源

都市圈实际上是要素的聚集区，其凭借强大的经济势能，吸引周边的经济要素和资源不断集聚到都市圈，在都市圈空间范围内，寻找最优的发展机会，得到最优化的资源配置效率，加强各城市的经济实力，以便于进一步吸引经济资源。济南都市圈要建立合理有序的整合机制，对圈域内的要素资源做到有清晰的认识，正确引导经济要素的自由流动和城市之间的有序竞争，在城市之间建立合理的分工与协作机制，在突出中心城市优势和地位的同时，也要加强中心城市对周边城市的辐射带动作用，正确处理都市圈内部各城市之间的竞争合作关系，形成完善的协调机制，构建互利共赢的发展格局。

6.3.2 建立合理的竞争合作机制

引导都市圈建立高效的市场机制，在城市间建立一系列合理的磋商机制，各个城市之间达成共识，打破城市间交流的隐性障碍加深加快城市之间的交流和合作。一方面，要有灵活性，因为都市圈的一体化进程就是一个动态化的过程；另一方面，要有约束力，在保证城市个体按照规则发展经济的基础上，发挥整体优势，实现都市圈的联动发展。另外要注重发挥市场机制在区域经济调节中的基础性地位，这是都市圈整体联合发展的内在力量。都市圈实际上是一个利益系统，包含不同的经济个体，各个城市就是其经济主体，相互之间肯定会有利益冲突，从而产生竞争与合作。当前市场经济体制下，各城市之间的利益冲突是阻碍都市圈统一整体发展规划和协调发展主要制约方式，这又牵涉到各级政府的行政区划，因此，也要重视政府的调节作用，建立合理的分工合作机制，形成良性的竞争合作循环机制，加强各城市之间的竞争和合作，不断推进一体化发展。

6.3.3 实现都市圈经济的高效运作

在都市圈经济发展的过程中，生产力以及科技进步是其发展的原动力，而城市间的协调机制和互动机制则将这种原动力进一步运作，转化为都市圈发展演变的实际动力。都市圈实践证明，一体化的实现形式是各种经济要素和资源在城市空间范围内的集聚和扩散。由于中心城市和周边城市经济势能的差距，经济要素在都市圈空间范围内自由流动，选择最优的发展区位，密切城市间的空间经济联系。具体来说，要明确中心城市和其他周边城市的地位和优势，实现合理的分工合作布局，形成良好的竞争合作机制，以正确的方式引导城市之间的竞争，不断加强城市间的交流和合作，正确处理城市间的利益冲突问题，建立都市圈的共同市场机制，实现都市圈内部各城市的分工协作、互利共赢。因此，要正确处理中心城市和周边城市的关系，打破条块和行政分割，创造竞争合作新机制，发挥都市圈的联动优势，实现都市圈经济的高效运作。

6.4　落实融合发展机制

6.4.1　推进城乡要素市场一体化

1. 建设城乡统一要素市场

盘活农村土地、劳动力、资本等主要要素资源，推进城乡要素的平等交换，增加农民收入，使城镇化逐步从政策驱动转化为市场驱动。建设城乡统一的土地要素市场。赋予农村集体经营性建设用地与国有建设用地平等的地位和相同的权能，赋予农民更多财产权利。依托城市国有土地交易平台，把农村集体建设用地、宅基地等使用权，建设用地指标、耕地占补平衡指标的转让、出租、入股、抵押等，纳入城乡统一的土地交易市场。

2. 建设城乡统一的人力资源市场

加大基础教育和职业技术教育投入，提高人口文化素质和劳动者技能，推进基层公共服务平台信息化建设，实现市、区、镇（街道）、村（社区）四级网络互联，形成以市信息中心为核心，以基层平台为基点，城乡统一的人力资源社会保障信息网络。深化户籍制度改革，放开放宽除个别超大城市外的城市落户限制。推动形成平等竞争、规范有序、城乡统一的劳动力市场，统筹推进农村劳动力转移就业和就地创业就业。制定财政、金融、社会保障等激励政策，吸引各类人才返乡入乡创业，推动城乡人才合作交流。

3. 建设城乡统一的资本要素市场

加强乡村信用环境建设，改革村镇银行培育发展模式，创新中小银行和地方银行金融产品提供机制，加大开发性和政策性金融支持力度，创新面向“三农”的金融产品和服务，推进金融试点改革和农信社改制，支持发展村镇银行、小额贷款公司和农村资金互助合作社等农村新型金融组织，大力推广农户小额信用贷款、农户联保贷款等适合农村特点和需求的各种微型金融服务。同时引导工商资本为城乡融合发展提供资金、产业、技术等支持。完善融资贷款和配套设施建设补助等政策，鼓励工商资本投资适合产业化、规模化、集约化经营的农业领域。

6.4.2 推进城乡公共服务均等化

构建以城带乡、城乡结合的“城—镇—村”三级公共服务网络。以完善公共财政体制和多元化投入机制为支撑，加快城市资源向农村延伸、公共服务向农村覆盖、社会事业向农村覆盖、城市文明向农村传播，健全全民覆盖、普惠共享、城乡一体的基本公共服务体系，推进城乡基本公共服务标准统一、制度并轨。统筹城乡基本医疗卫生服务、公共文化、社会保险制度、社会救助体系、城乡教育等公共服务供给，建立健全乡村治理机制，实现城乡公共服务均等化。

6.4.3 推进城乡基础设施一体化

按照“区域共建、城乡联网、设施共享”的原则，实行城乡交通、供水排水、电力电信、物流信息、热力燃气、环境卫生等基础设施统一布局和建设，积极推进城市供水、燃气、供热、污水和垃圾处理向周边村镇延伸。合理确定城乡基础设施统一管护运行模式，把公共基础设施建设重点放在乡村，加快推动乡村基础设施提档升级，实现城乡基础设施统一规划、统一建设、统一管护。

6.4.4 推进农村经济多元化发展

围绕发展现代农业、培育新产业新业态，完善农企利益紧密联结机制，实现乡村经济多元化和农业全产业链发展。以市场需求为导向，深化农业供给侧结构性改革，推进农业机械化全程全面发展，不断提高农业综合效益和竞争力。促进农村一二三产业融合发展，依托“互联网+”和“双创”转变农业生产经营模式，培育乡村旅游、休闲农业、民宿经济、农耕文化体验、健康养老等新业态，探索农产品个性化定制服务、会展农业和农业众筹等新模式，完善农村电子商务支持政策，实现城乡生产与消费多层次对接。

参考文献

［1］蔡昉：《把乡村振兴与新型城镇化同步推进》，载《中国乡村发现》2018 年第 4 期。

［2］岑迪、周剑云、赵渺希：《“流空间”视角下的新型城镇化研究》，载《规划师》2013 年第 4 期。

［3］陈伯庚、陈承明：《新型城镇化与城乡一体化疑难问题探析》，载《社会科学》2013 年第 9 期。

［4］陈丹、张越：《乡村振兴战略下城乡融合的逻辑、关键与路径》，载《宏观经济管理》2019 年第 1 期。

［5］陈婉馨：《乡村振兴与城乡融合机制创新研究》，载《人民论坛·学术前沿》2018 年第 3 期。

［6］陈钊、陆铭、许政：《中国城市化和区域发展的未来之路：城乡融合、空间集聚与区域协调》，载《江海学刊》2009 年第 2 期。

［7］邓春玉：《珠三角与环珠三角城市群空间经济联系优化研究》，载《城市问题》2009 年第 7 期。

［8］房艳刚、刘继生：《基于多功能理论的中国乡村发展多元化探讨——超越“现代化”发展范式》，载《地理学报》2015 年第 2 期。

［9］方创琳：《中国新型城镇化高质量发展的规律性与重点方向》，载《地理研究》2019 年第 1 期。

［10］高汝熹、罗守贵：《论都市圈的整体性、成长动力及中国都市圈的发展态势》，载《现代城市研究》2006 年第 8 期。

［11］高汝熹：《东京、大阪的城市经济特点和中国的圈域经济》，载《外国经济与管理》1989 年第 5 期。

［12］高鑫、修春亮、魏冶：《城市地理学的“流空间”视角及其中国化研究》，载《人文地理》2012 年第 4 期。

［13］郭熙保、黄国庆：《试论都市圈概念及其界定标准》，载《当

代财经》2006 年第 6 期。

［14］韩艳萍、张宝凤、白桂梅：《我国都市圈一体化问题研究》，载《中国集体经济》2011 年第 4 期。

［15］何红：《城乡融合发展的核心内容与路径分析》，载《农业经济》2018 年第 2 期。

［16］何仁伟：《城乡融合与乡村振兴：理论探讨、机理阐释与实现路径》，载《地理研究》2018 年第 11 期。

［17］姜博、修春亮、陈才：《辽中南城市群城市流分析与模型阐释》，载《经济地理》2008 年第 5 期。

［18］姜作培：《城乡统筹发展的科学内涵与实践要求》，载《经济问题》2004 年第 6 期。

［19］金丹：《区域经济一体化的理论框架研究》，载《西部经济管理论坛》2014 年第 3 期。

［20］李德明、程久苗：《乡村旅游与农村经济互动持续发展模式与对策探析》，载《人文地理》2005 年第 3 期。

［21］李瑞霞、陈烈、沈静：《国外乡村建设的路径分析及启示》，载《城市问题》2008 年第 5 期。

［22］廖洪乐：《乡村振兴需要整合乡村和城镇力量》，载《农村工作通讯》2017 年第 22 期。

［23］刘承良、余瑞林、熊剑平等：《武汉都市圈经济联系的空间结构》，载《地理研究》2007 年第 1 期。

［24］刘生龙、胡鞍钢：《交通基础设施与中国区域经济一体化》，载《经济研究》2011 年第 3 期。

［25］刘枭、黄桂英：《都市圈研究回顾与展望》，载《经济研究参考》2014 年第 61 期。

［26］刘彦随：《中国新时代城乡融合与乡村振兴》，载《地理学报》2018 年第 4 期。

［27］陆铭、陈钊：《在集聚中走向平衡：城乡和区域协调发展的"第三条道路"》，载《世界经济》2008 年第 8 期。

［28］马国霞、田玉军：《京津冀都市圈经济增长时空变化的动力机制》，载《中国科学院研究生院学报》2012 年第 3 期。

［29］马历、龙花楼、戈大专、张英男、屠爽爽：《中国农区城乡

协同发展与乡村振兴途径》，载《经济地理》2018 年第 4 期。

[30] 倪鹏飞：《新型城镇化的基本模式、具体路径与推进对策》，载《江海学刊》2013 年第 1 期。

[31] 潘沁、韩剑：《基于引力模型的产业内贸易与区域经济一体化研究》，载《国际贸易问题》2006 年第 9 期。

[32] 仇保兴：《新型城镇化：从概念到行动》，载《行政管理改革》2012 年第 11 期。

[33] 孙阳、张落成、姚士谋：《流空间视角下的我国城市网络空间结构分析》，载《中国地理学会经济地理学专业委员会·2016 第六届海峡两岸经济地理学研讨会摘要集》，载《中国地理学会经济地理学专业委员会：中国地理学会》，2016 年。

[34] 孙中伟、路紫：《流空间基本性质的地理学透视》，载《地理与地理信息科学》2005 年第 1 期。

[35] 王海江、苗长虹、茹乐峰等：《我国省域经济联系的空间格局及其变化》，载《经济地理》2012 年。

[36] 王珏、陈雯：《全球化视角的区域主义与区域一体化理论阐释》，载《地理科学进展》2013 年第 7 期。

[37] 王少剑、高爽、王宇渠：《基于流空间视角的城市群空间结构研究——以珠三角城市群为例》，载《地理研究》2019 年第 8 期。

[38] 王涛：《东京都市圈的演化发展及其机制》，载《日本研究》2014 年第 1 期。

[39] 韦伟、赵光瑞：《日本都市圈模式研究综述》，载《现代日本经济》2005 年第 2 期。

[40] 魏后凯：《新常态下中国城乡一体化格局及推进战略》，载《中国经济时报》2016 年第 1 期。

[41] 乌东峰、张世兵、滕湘君：《基于灰色理论的现代多功能农业评价研究——以湖南省湘潭市为例》，载《农业技术经济》2009 年第 6 期。

[42] 项继权：《中国农村建设：百年探索及路径转换》，载《甘肃行政学院报》2009 年第 2 期。

[43] 项利华：《浅谈乡村旅游与乡村经济发展》，载《南方农业》2017 年第 30 期。

[44] 谢守红:《都市区、都市圈和都市带的概念界定与比较分析》,载《城市问题》2008 年第 6 期。

[45] 薛晴、霍有光:《城乡一体化的理论渊源及其嬗变轨迹考察》,载《经济地理》2010 年第 11 期。

[46] 应月芳:《论乡村旅游的全域发展》,载《农村经济与科技》2017 年第 24 期。

[47] 张军:《推进我国城乡一体化的制度创新研究》,东北师范大学博士学位论文,2013 年。

[48] 张树民、钟林生、王灵恩:《基于旅游系统理论的中国乡村旅游发展模式探讨》,载《地理研究》2012 年第 11 期。

[49] 张晓兰、朱秋:《东京都市圈演化与发展机制研究》,载《现代日本经济》2013 年第 2 期。

[50] 赵伟、程艳:《区域经济一体化的理论溯源及最新进展》,载《商业经济与管理》2006 年第 6 期。

[51] 郑辽吉、马廷玉:《多功能农业创新网络构建与分析》,载《农业现代化研究》2015 年第 4 期。

[52] 郑瑞强、翁贞林、黄季焜:《乡村振兴战略:城乡融合、要素配置与制度安排——"新时代实施乡村振兴战略与深入推进农业供给侧结构性改革"高峰论坛综述》,载《农林经济管理学报》2018 年第 1 期。

[53] 周玲强、黄祖辉:《我国乡村旅游可持续发展问题与对策研究》,载《经济地理》2004 年第 4 期。

[54] 卓玛草:《新时代乡村振兴与新型城镇化融合发展的理论依据与实现路径》,载《经济学家》2019 年第 1 期。

后　　记

本书聚焦于都市圈一体化发展，研究流空间视角下都市圈一体化的内在机理和城乡融合发展机制，是笔者自2009年专著《城市群形成与发展机制研究》出版后，对都市圈理论研究和实践探讨的阶段性成果，是基于笔者2015年教育部人文社会科学项目《流空间视角下都市圈一体化发展及制度创新研究》（15YJA790048），以及近年来围绕城乡融合发展的一系列理论研究和社会实践的综合成果，也是研究团队多年来一直坚守城镇化、城市群、城乡融合发展等相关研究，对都市圈一体化发展的认识、理解与总结。

感谢恩师叶裕民教授多年来的悉心培养和谆谆教诲，感谢叶师门的团结友爱与相互支持，感谢山东财经大学的领导同事及十几届研究生和我并肩作战、攻坚克难的教学相长、相互成就。尤其是要感谢耿文红、刘昀旖、宋晓惠、孔慧敏、李佳惠、陈杨等同学们，对导师的支持与信任，每一届学生都沿着导师的研究方向，不畏辛苦、孜孜不倦，刻苦钻研，奠定了我们研究团队的特色和优势。近几年来，我们围绕着乡村振兴从多方面开展了大量理论研究与社会实践，主持承担了多项省内重要部门的政策研究、标准制定和考核验收等项目，形成了乡村旅游促进乡村振兴等系列化的研究成果，研究成果得到省委省政府重要领导的肯定性批示，被山东省文旅厅授予“山东省乡村文化旅游研究培训基地”，目前正在带领着研究团队进行深入的理论研究和实践探讨，努力打造成为具有影响力的乡村振兴高校智库，服务于国家重大战略和地方经济发展。

鉴于都市圈一体化建设是一项重要而又复杂的系统化工程，涉及政府、企业和人民群众多方利益诉求，新问题不断涌现，加之本人及研究团队知识水平和能力有限，本书粗浅疏漏之处还有很多，恳请各位读者批评指正。希望本书能够抛砖引玉，促使更多优秀的专家学者和实践领域的从业人员关注该领域，为都市圈一体化的发展提供更多的智慧。

庞　晶

2021 年 3 月 22 日